はしがき

　「接客サービスマナー検定」は、ホテル業界やエアラインをはじめ、高度なサービス適性を求められるサービス業を中心に、医療・福祉、介護の分野や金融業などの幅広い分野で浸透している「思いやり（ホスピタリティ）」や「おもてなし」の接客サービス能力を判定する検定試験です。ワンランク上の上質な接客サービスが求められる時代において、接客サービスマナー検定は多くの業界で注目を浴びている検定試験です。

　「接客サービスマナー検定」の目的は、接客サービスの基本からビジネスマナー、冠婚葬祭などの一般マナーの様々な知識・技能により、ホスピタリティに満ち溢れた応対の実践と、お客様に対してより好印象を持っていただけるような人材の育成です。また、試験に向けた学習をすることで、接客サービスに必要な知識・考え方・実践応用力などを習得してもらうことがねらいです。

　当検定の取得により、高度な接客サービスマナー能力を身につけていることが証明され、また接客サービスに関わる知識や技能により、様々なシチュエーションにおいて相手の状況に配慮した「思いやり」のサービスを提供することができる能力のアピールに繋がります。高度なサービス適性が求められる業界への就職にも役立てることが可能となりますので、就職活動を控えた学生の方々にも大変お勧めです。

　「接客サービスマナー検定」を通して、サービスレベルを向上することにより、相手の立場に立って、心から相手のことを考えて行動するホスピタリティを発揮できる「人財」として、皆様がご活躍されることを願っています。

NPO 法人　日本サービスマナー協会
理事長　澤野　弘

接客サービスマナー検定試験の概要

■ 各級について

3 級：高校卒業程度の基礎的なサービスマナー能力を問う試験です。接客サービスの仕事に就くのに最低限身につけておきたいマナーの基本など、社会人や高校生が自分のマナー知識・能力を試すのに適したレベルです。

2 級：エアライン業界やホテル業界、ブランドビジネスをはじめとした質の高い接客サービスが求められる分野での接客サービスマナー能力の基本が求められるレベルです。様々なお客様に対しても基本的に納得していただける能力が身に付いているかどうかが問われるレベルです。

準1級：ワンランク上のサービスを求めるお客様への対応が十分にでき、接客サービスマナーの能力を知識だけでなく行動できるレベルです。一次試験合格者に対しては、二次試験（実技）の際に、実際にどのような行動を取ることができるのかを面接形式で問われます。

1 級：接客サービスのプロとして、知識・行動ともにお客様に満足していただけるだけでなくマネージャーとして経営の観点からも考えることができるレベルです。筆記試験は、準1級と同じ問題ですが合格ラインが異なります。一次試験合格者に対しては、二次試験（実技）の際に、実際にどのような行動を取ることができるのかをロールプレイング形式で問われます。

■ 合格ライン

級		
3 級	筆記試験	100 点満点中 70 点前後が合格の目安
2 級	筆記試験	100 点満点中 60〜65 点が合格の目安
準1級	筆記試験	100 点満点中 60〜65 点が合格の目安
	実技試験	グループ面接・シチュエーション実技を合計して 60%以上のポイント取得が合格の目安
1 級	筆記試験	100 点満点中 75 点前後が合格の目安
	実技試験	個人面接・シチュエーションに基づくロールプレイング実技を合計して 60%以上のポイント取得が合格の目安

■ 検定試験について

●受験資格
制限なし

●試験科目
接客サービスマナー（挨拶・お辞儀・身だしなみ・立居振る舞いなど）
ビジネスマナー（名刺交換・電話応対・来客応対・ビジネス用語など）
一般マナー（冠婚葬祭・テーブルマナー・贈答マナー）
言葉遣い・正しい敬語の使い方
漢字の読み書き
外国人のお客様への対応（英会話問題）
シチュエーション問題

●試験時間
【2級・3級】　筆記試験（50問　60分）
【準1級・1級】筆記試験（65問　80分）＋　実技試験

●申込期間
試験日の約4週間前まで

●試験地
札幌・仙台・新潟・東京・横浜・金沢・名古屋
京都・大阪・高松・広島・福岡・鹿児島・那覇　　（全国14カ所）
オンライン

● 受検料(消費税込み)
3　　級：5,000円　　2　　級：7,000円
準1級：9,000円　　　1　　級：12,000円

■ 申込方法について

・ホームページからの申込
「接客サービスマナー検定」公式ホームページの申込フォームに必要事項を入力して、送信してください。

・郵送での申込
「接客サービスマナー検定」公式ホームページより申込書をダウンロード、もしくは本書の申込書をコピーして、必要事項を記入し、下記住所までお送りください。
※ 郵便申込締切日にご注意ください。

〒540-0012　大阪市中央区谷町 2 丁目 1-22 フェアステージ大手前ビル 5F
　　　　　　日本サービスマナー協会　接客サービスマナー検定事務局　宛

・FAX での申込
「接客サービスマナー検定」公式ホームページより申込書をダウンロード、もしくは本書の申込書をコピーして、必要事項を記入し、FAX で下記までお送りください。
※ FAX 申込締切日時にご注意ください。

FAX 番号：06-6943-0047　　　日本サービスマナー協会　接客サービスマナー検定事務局

● 受検料支払い方法
お申込後、以下の方法からお選び頂き、支払い締切日までに受検料支払いをお願いします。恐れ入りますが、振込手数料は各自でご負担ください。

・銀行振り込み
みずほ銀行天満橋（てんまばし）支店　　店番号　４６３
普通預金　口座番号　1120968
名義　トクヒ）日本サービスマナー協会検定口

・クレジットカード
ホームページからのお申込みに限り、クレジットカード決済が可能です。お申し込み完了後の画面から「クレジットカード決済」にお進みください。

※ 注意事項 ※

・受検料支払い後のご返金、次回への振替えはできません。

・期日までに振込みがない場合は、受検できません。

・払込受領証は受検のための大切な控えとなります。 受検票が届くまで大切に保管してください。

・試験施行が中止の場合を除き、いかなる理由でも受検料の返金はいたしかねます。

■ 団体受検について

学校、企業、グループにおいて、申込者が5名以上集まると団体受検ができます。団体受検の場合は準会場として認定され、使い慣れた施設で受検することができるメリットがあります。

(グループとは、スクール、塾、サークル等の団体に限ります。友達同士などの個人の集まりは対象外となりますので、ご注意ください。)

※団体の受検詳細については当協会までお問い合わせください。

接客サービスマナー検定　個人受検申込書

申込日：　　　年　　　月　　　日

受検者情報

フリガナ		性別
ご氏名		男　・　女
生年月日	西暦　　　年　　　月　　　日（　　　歳）	
電話番号		
ご住所 （送付先）	〒	

受検級	1級　　準1級　　2級　　3級 ¥12,000　¥9,000　¥7,000　¥5,000 ＊ 希望受検級に〇をつけてください	受検級	1. 札幌　2. 新潟　3. 仙台　4. 金沢　5. 東京 6.横浜　7.名古屋　8.京都　9. 大阪　10. 高松 11.広島　12. 福岡　13.鹿児島　14.那覇 15.オンライン
一次試験 免除申請	一次試験合格回次　　　　第　　　　回 一次試験合格		
	一次試験 受検番号		
学校名 勤務先			

※注意※　準1級・1級の一次試験免除について
　　　　　二次試験(面接・実技試験)から受験希望の場合は、「一次試験免除申請」欄に必要事項を記入してください。
　　　　　　　　　　　　　　　　　　　　　　　　（一次試験免除の有効期間は、1年間です。）

送付方法

申込書に必要事項をご記入の上、下記のいずれかの方法でご送付ください。

【郵送】

〒540-0012　　大阪市中央区谷町2丁目1-22フェアステージ大手前ビル5F
　　　　　　　　日本サービスマナー協会　接客サービスマナー検定事務局　宛

【FAX】

　　06-6943-0047　　　　　　日本サービスマナー協会　接客サービスマナー検定事務局　宛

受検料のお支払い方法

受検料のお支払いの確認をもちまして、正式なお申込みの受付となります。

＜現金書留＞

「申込書」を同封の上、下記住所までお送りください。

〒540-0012　　大阪市中央区谷町2丁目1-22フェアステージ大手前ビル5F
　　　　　　　　日本サービスマナー協会　接客サービスマナー検定事務局　宛

＜銀行振り込み＞

「申込書」をFAXまたは郵送の上、下記指定口座までお振込みください。

みずほ銀行天満橋（てんまばし）支店　　店番号　463
普通預金　口座番号　1120968
名義　　特定非営利活動法人　日本サービスマナー協会 検定口

接客サービスマナー検定　団体受検登録申込書

フリガナ					
団体名					
所在地	〒				
連絡先	Tel		Fax		
実施担当責任者	氏名	フリガナ 漢字			印
E-mail					

予想受検者数　　＊必ずご記入ください。

3級 _____ 名　　　2級 _____ 名

準1級 _____ 名　　　1級 _____ 名

〈注意〉
　　　1．一実施会場毎に申請書が必要となります。
　　　2．団体登録した所在地を準会場とします。
　　　3．1級・準1級2次試験(面接)については公開会場(東京・名古屋・大阪・福岡) での受検となります。

主催　　　NPO法人　日本サービスマナー協会　　http://www.setsuken.net
（本部）　　　　　　〒540-0012
　　　　　　　　　　大阪府大阪市中央区谷町2丁目1-22 フェアステージ大手前5F
　　　　　　　　　　FAX番号　　（06）6943－0047

（東京事務局）　　　〒104-0061
　　　　　　　　　　東京都中央区銀座7丁目15-5　　共同ビル　4 階

実施・運営　株式会社ワイズプラス

Contents

第５９回

接客サービスマナー検定　　３級

実施日：２０２３年２月１２日（日）
試験時間：６０分

注 意 事 項

A　この試験の問題用紙は６ページです。問題用紙の他に解答シートが１枚あります。
　　試験開始後すぐに、ページ数と解答シートがあるか確認してください。
　　※不足や違いがあるときは試験官にお知らせください。
B　解答は、全て別紙の解答シートに記入してください。
C　問題に関する質問は一切受け付けません。
D　不正行為があったときは、すべての解答が無効になります。
E　その他、試験官の指示に従ってください。

解答シート（別紙）記入方法

１．「受検地」「試験会場」を記入してください。
２．「受検番号」を記入してください。
３．「氏名」を漢字で記入し、カタカナで読み仮名を記入してください。
４．「年齢」「性別」「職業」を記入してください。

受検番号	氏 名

ＮＰＯ法人　日本サービスマナー協会

1．ビジネスにおける電話応対について、以下の問いに答えなさい。

(1) 電話を取り次ぐ際のマナーについて、適切でないものを1つ選びなさい。

  (A) 社内に同じ名字が複数いる人の取り次ぎを依頼されたら、どの部署の誰に取り次ぐかを確認して復唱する。

  (B) 取り次ぐ相手が電話中の場合、保留にしたままで待たせず「恐れ入りますが、あいにく他の電話に出ております。終わりましたらこちらからお電話しましょうか」と尋ねる。

  (C) 取り次ぐ相手がすぐ近くの席にいる場合は、少しでも早く取り次ぐため、通話口を手で押さえて、そのまま担当者に受話器を渡す。

(2) 名指し人が不在の際の応対として、適切なものを1つ選びなさい。

  (A) 伝言を預かる際には、間違いがないかを必ず復唱したうえでしっかりと記憶しておき、名指し人が帰社したら、口頭で用件などの必要事項を伝える。

  (B) 急ぎの用件だというお客様からの電話を受けたが、名指し人が出張中の場合、こちらから名指し人に連絡を取り、出張先からお客様に電話をかけさせる旨を提案する。

  (C) あらかじめ名指し人の出先と帰社時間がわかっていれば、出先の場所と帰社時間を伝えて、相手の意向を伺う。

(3) 保留のマナーについて、適切でないものを1つ選びなさい。

  (A) お客様からの問い合せに対して、手元に資料があり短時間で確認できる場合であっても、一旦保留操作をしてから確認する。

  (B) 保留をする前に「〜についてお調べいたしますので、少々お待ちいただけますか」のように保留理由を伝え、お客様の了承をいただければ、保留解除後のお詫びは特に必要ない。

  (C) 長い保留はクレームを生む可能性があるので、30秒以上お待たせしている場合は、一度お客様に戻って声をかけるようにする。

(4) 電話応対の心構えとして、適切なものを1つ選びなさい。

  (A) 電話機は、すぐに利き手で受話器を取れる位置に置いておき、電話が鳴ったら迅速に3コール以内に出ることが望ましい。

  (B) 急ぎの作業中に電話が鳴った場合、手が自由に使えるよう受話器は首と肩に挟んで、作業の手を休めずに応対すると効率的である。

  (C) 自分の応対の善し悪しが会社のイメージに影響するということを常に意識して、明るい声で好印象の応対を心がける。

(5) 伝言を受ける際の注意点として、適切なものを1つ選びなさい。

  (A) 伝言を受ける際は、聞きながら必ずメモを取り、相手の会社名・部署名・氏名・連絡先などを確認する。

  (B) 要点を正確にメモすることで伝える内容を把握できていれば、相手の時間を無駄にしないために、あえて復唱をしないほうが良い。

  (C) 内容が多く要点が掴みづらい場合は、相手が話し終えてから重要な部分だけ絞って、再度話してもらうようにお願いする。

2. ビジネス文書について、適切なものには○を、適切でないものには×をつけなさい。

(1) 社外文書の前文あいさつで、会社の商売の繁栄を喜ぶ意味に用いる語句は「ご清祥」である。

(2) ビジネス文書の目的は、情報を正確に伝達することと、証拠としての保存である。

(3) 手書きの礼状や詫び状は読みづらく、相手に対して失礼になるので避けるほうがよい。

(4) ビジネス文書では頭語の後、時候の挨拶を述べるが、2月の時候の挨拶は「早春の候」である。

(5) 社内文書には前文や過度の敬語は必要なく、要点がすぐに伝わるような表現で作成するのがよい。

3. 食事のマナーについて、以下の問いに答えなさい。

(1) 洋食のマナーについて、適切なものを1つ選びなさい。

  (A) ナプキンを膝の上に広げるタイミングは、着席してオーダーが終わった後か、飲み物や前菜が運ばれてくる頃である。

  (B) 食事の途中はナイフとフォークを2本揃えて置き、食べ終わったら八の字に広げて置く。

  (C) ナイフとフォークを何度も使ったり置いたりするのは美しくないので、ステーキを食べる際は、まずナイフとフォークですべて一口大に切ってしまってから、フォークだけを使って食べる。

(2) 和食のマナーとして、適切でないものを1つ選びなさい。

  (A) 刺身を食べる際は、わさびを醤油に溶かし、醤油の小皿を手に持って食べる。

  (B) 懐石料理とは、一汁三菜が基本の軽い食事のことである。

  (C) 尾頭付きの魚は、左側から箸をつけ一口ずつ食べ進めていく。半身を食べ終わったら、尾から頭まで一続きに骨を外して残りの身を食べる。

4. 接遇者の心がまえについて、適切なものには○を、適切でないものには×をつけなさい。

(1) 相手への第一印象を決定づける要素は、視覚情報・聴覚情報・言語情報のうち視覚情報の割合が最も大きいので、接客の際には身だしなみや表情などに十分注意する。

(2) 自身がお客様に与える第一印象に気を配ると同時に、お客様の第一印象からお客様のタイプや嗜好をいち早く判断し、常にそれに基づいた接客をすることが大切である。

(3) お客様と接する際には、平等性と公平性を重視し、どのような場合であってもマニュアル通りに応対する。

(4) お客様が持つ3つの心理（①歓迎されたい心理、②独占したい心理、③感謝されたい心理）をよく理解して、それを満たすサービスを心がける。

(5) マスクを着用して接客をする場合には、声の大きさやはハキハキとした話し方を心がけるが、表情は直接お客様の目には触れないので、口角を上げて話すことはあまり意識しなくてもよい。

5. 第一印象について、以下の問いに答えなさい。
(1) オフィスでの身だしなみについて、適切なものを1つ選びなさい。
　(A) スーツはシワやシミのないものを着用し、ワイシャツの色は、どの年齢層の相手にも不快な印象を与えないために白を着用する。
　(B) 腕時計もアクセサリーの一部に入るので仕事中は外して、香水はつけないようにする。
　(C) 爪は手入れをして清潔感を保ち、職場の規定で容認されていてマニキュアを塗る場合も、派手すぎず肌に近い色を選ぶのが望ましい。

(2) 美しい所作について、適切なものを1つ選びなさい。
　(A) 地図や書面上の細かい部分の指し示しは、指一本やペンなど手に持っているもので指し、ひとつひとつ丁寧に確実におこなうと美しい。
　(B) 着席時は一度いすの前で立ち止まってから座ると美しく、何種類もの動作を同時におこなわず、ひとつひとつの動作を簡潔にする。
　(C) 相手から物を受け取るときは片手で、相手に物を渡すときは両手でおこなうと美しく、動作の合間に一呼吸間を入れ、アイコンタクトをとる。

(3) 表情について、適切なものを1つ選びなさい。
　(A) 笑顔には親和作用や浄化作用などの効果があるので、相手がどのような状況であっても、常に明るい笑顔で接することが大切である。
　(B) 言葉は表情以上にホスピタリティを伝えることができるので、コミュニケーションを図る上では、主に言葉遣いを重視するよう心がける。
　(C) ホスピタリティを伝える上で笑顔は重要な要素であるが、いつも満面の笑みを心がけるよりも、TPOを考慮した表情で接することも必要である。

6. 次の状況における言葉遣いについて、最も適切なものを1つ選びなさい。
(1) 病院の受付にて、患者様との会話
　(A) 保険証は、お持ちいたしていますか。
　(B) 保険証は、お持ちですか。
　(C) 保険証は、お持ちになられていますか。

(2) 百貨店の入口にて
　(A) お客様、恐れ入ります。店内にお入りになられる前にマスクをご着用ください。
　(B) お客様、すみませんが、ご入店前にマスクをおつけしていただけますか。
　(C) お客様、恐れ入りますが、店内をご利用の際にはマスクをご着用いただけませんか。

(3) 取引先へのメール
　(A) 資料をお送りくださり、ありがとうございました。拝見させていただきました。
　(B) 資料をお送りいただき、ありがとうございました。拝見しました。
　(C) 資料をお送りしてくださり、ありがとうございました。拝見いたしました。

(4) ファミリーレストランにて
   (A) チーズハンバーグセットのお客様、ライスとパンのどちらになさいますか。
   (B) お客様、チーズハンバーグセットは、ライスとパンのどちらにいたしますか。
   (C) チーズハンバーグセットをご注文のお客様、ライスとパンのどちらになさいますか。

(5) レンタルオフィスにて、お客様からのお問い合わせへの返答
   (A) 内覧のご予約は、平日の午前10時から午後6時までの間で承らせていただいております。
   (B) 内覧のご予約は、平日の午前10時から午後6時までの間で受け付けております。
   (C) 内覧のご予約は、平日の午前10時から午後6時までの間でお受けさせていただきます。

7. 次の「　　」内の漢字の正しい読み方を解答用紙に記入しなさい。
(1)「相殺」　　(2)「偏る」　　(3)「稚拙」　　(4)「招致」　　(5)「謹啓」

8. 次のそれぞれの国の言語について、「ありがとうございます」にあたる適切な表現を(A)～(H)の中
   から選びなさい。
(1)韓国語　　(2)アラビア語　　(3)中国語　　(4)フランス語　　(5)ベトナム語

   ┌───┐
   │ (A) メルシー　　(B) オブリガード　　(C) シェイシェイ　　(D) テリマカシー │
   │ (E) シュクラン　　(F) カムサハムニダ　　(G) ダンケ　　(H) カムオン │
   └───┘

9. ホテルのフロントスタッフAが、お客様応対で日頃から心がけていることとして、最も適切なもの
   を1つ選びなさい。
(A) お客様の名前で予約を検索したが記録が見当たらない場合は、再度宿泊日や予約番号を確認して、
   お客様を待たせないよう迅速に応対している。
(B) お客様応対中に電話が鳴った際は、鳴り続けたままにしていると大変うるさくお客様に不快な思い
   をさせてしまう恐れがあるので、応対中のお客様に一言断って先に電話に出るようにしている。
(C) 宿泊者を訪ねてきて部屋番号を教えてもらいたいと言われた際は、個人情報保護の観点から宿泊者
   との関係を尋ねてから教えるようにしている。

10. リハビリ病院で働く介護士Aは、患者様に安心していただくため、親しみやすく明るい表情で接
    するように心がけている。ところが、患者様から「言葉遣いが少しなれなれしい」と言われてし
    まった。Aが「今後どのように患者様と接していけばよいか」について考えたこととして、適切で
    ないものを1つ選びなさい。
(A) なれなれしい言葉遣いであったことを反省し、患者様を尊重した言葉遣いを心がけ、親しみやす
    さは表情や所作などで表していこうと考えた。
(B) 入院中の患者様とは距離が近く、つい親しみを覚えてしまうが、やはり相手は患者様であるか
    ら、礼儀やマナーに対する意識をもっと高めていこうと考えた。　　（次頁につづく）

(C) 親しみやすさは忘れて、距離感が生まれたとしても患者様への敬意を示して、きちんと丁寧な言葉遣いで応対し、立場をわきまえた態度で接していこうと考えた。

11. 不動産会社の営業スタッフ A が、お客様と商談をする際に心がけていることとして、最も適切なものを 1 つ選びなさい。

(A) 不動産は高価な買い物なので、まずはお客様に安心していただくことが大切だと考え、親近感を持ってもらえるような会話を心がけている。そのために、出身地や趣味などたわいもない話題からお客様との共通点を見つけるようにしている。

(B) 「気に入っているけれども、予算が少しオーバーするかもしれない」と契約を迷ってなかなか決められないお客様には、決断していただくための決め手が重要なので、「大変人気の高い物件です。迷われている間に、他の方が先に契約してしまい、後悔することになったら遅いですよ」と強い言葉で後押しをするようにしている。

(C) お客様からの信頼感を得るため、必ず自身のサイズに合ったスーツを着用し、清潔感のある身だしなみに気を配っている。また、高価なものを扱っているという説得力をもたせるため、一目で高級ブランドだとわかる派手で目立つ腕時計を着用している。

12. スタッフ A が働くチョコレート店は、百貨店のバレンタインフェアに出店している。バレンタイン前で混み合う売り場に有名なインフルエンサーのお客様が来店した。A の応対として、最も適切なものを 1 つ選びなさい。

(A) 待っているお客様が多くいたので、「有名人の方なので、お先に対応させていただきます」と他のお客様にことわりを入れたうえで、優先的に商品選びのお手伝いと会計などの対応をした。

(B) 積極的に私生活を発信しているインフルエンサーの方だということはわかっていたが、プライベートでの利用であることに配慮し、他のお客様と同じように順番に対応した。

(C) このお客様へ印象に残るサービスを提供し、SNS で高評価を発信してもらえれば、お店の宣伝につながると思い、通常よりも丁寧に時間をかけて特別な対応をした。

13. スーパーのスタッフ A が商品の陳列を担当している際、外国人のお客様から声をかけられた。A の応対として、最も適切なものを 1 つ選びなさい。

(A) 違う種類のチョコレート菓子 2 つを手に持っていたので、どちらにするか迷っているのだと判断し、完璧ではない英語で具体的な説明をすることは避けて、笑顔でおすすめの方の商品を指し、終始感じのよい応対をするよう心がけた。

(B) 英会話にあまり自信がなかったが、カップ麺を探していることはわかったので、ジェスチャーを交えながら売り場まで案内し、希望の商品が見つかったことを確認してから、笑顔で "Have a nice day." と伝えた。

(C) 和食の総菜売り場で、原材料にアルコールの入っていない商品がほしいというお客様に、みりんやお醤油などのアルコール分は調理過程で取り除かれるので特に伝えず、明らかに日本酒を使っていないことが確認できる商品をすすめた。

14. 次の各場面において、(　　　)に入る最も適切なものを1つ選びなさい。

(1) ＜空港の入国審査＞

　　職員：入国の目的は何ですか。

　　お客様：観光です。

　　Staff: What's the (　　　) of your visit?

　　Customer: Just sightseeing.

　　(A) goal　　　(B) purpose　　　(C) transit　　　(D) plan

(2) ＜アパレル店にて＞

　　スタッフ：何かお探しのものはございますか。

　　お客様：いいえ、見ているだけです。

　　Staff: Are you (　　　) for anything in particular?

　　Customer: No, I'm just (　　　), thank you.

　　(A) watching　　　(B) seeing　　　(C) looking　　　(D) searching

(3) ＜オフィスでの会話＞

　　今日、打ち合わせのお時間はありますか。

　　Are you (　　　) for a meeting today?

　　(A) reasonable　　　(B) affordable　　　(C) comfortable　　　(D) available

(4) お支払いは現金になさいますか、それともカードになさいますか。

　　Would you like to pay (　　　) cash or (　　　) credit card?

　　(A) on / from　　　(B) in / from　　　(C) on / by　　　(D) in / by

(5) ご協力ありがとうございます。

　　Thank you for your (　　　).

　　(A) corporation　　　(B) corporate　　　(C) cooperate　　　(D) cooperation

15. 次の英単語に相当する日本語のカタカナ語を書きなさい。

　　〈例〉 pen　　　解答：ペン

(1) button　　　(2) salary　　　(3) knife　　　(4) machine　　　(5) suit

第60回

接客サービスマナー検定　3級

実　施　日：２０２３年５月１４日（日）
試験時間：６０分

注　意　事　項

A　この試験の問題用紙は６ページです。問題用紙の他に解答シートが１枚あります。
　　試験開始後すぐに、ページ数と解答シートがあるか確認してください。
　　※不足や違いがあるときは試験官にお知らせください。
B　解答は、全て別紙の解答シートに記入してください。
C　問題に関する質問は一切受け付けません。
D　不正行為があったときは、すべての解答が無効になります。
E　その他、試験官の指示に従ってください。

解答シート（別紙）記入方法

1．「受検地」「試験会場」を記入してください。
2．「受検番号」を記入してください。
3．「氏名」を漢字で記入し、カタカナで読み仮名を記入してください。
4．「年齢」「性別」「職業」を記入してください。

受検番号	氏　名

ＮＰＯ法人　日本サービスマナー協会

1. ビジネスにおける第一印象について、以下の問いに答えなさい。

(1) 表情について、適切なものを1つ選びなさい。

  (A) 言葉は表情以上にホスピタリティを伝えることができるので、コミュニケーションを図るうえでは、主に言葉を重要視することを心がける。

  (B) 笑顔には親和作用や浄化作用などの効果があるので、相手がどのような状況であっても、常に明るい笑顔で接することが大切である。

  (C) ホスピタリティを伝えるうえで笑顔は重要な要素であるが、いつも満面の笑みでいる必要はなく、TPOを考慮した表情で接することも必要である。

(2) 美しい所作について、適切なものを1つ選びなさい。

  (A) 地図や書面上の細かい部分の指し示しは、ひとつひとつ丁寧に指一本やペンなど手に持っているもので指すと美しい。

  (B) 着席時は、一度いすの前で立ち止まってから座るなど、動作をひとつひとつ丁寧に行うと美しい。

  (C) 相手から物を受け取るときは片手で、相手に物を渡すときは両手で行うと美しく、動作の合間に一呼吸間を入れ、アイコンタクトをとる。

(3) 身だしなみについて、適切なものを1つ選びなさい。

  (A) 足元まで同系色でまとめるのがスーツの美しい着こなしなので、靴下はスーツと同系色にし、着席した時に素肌が見える短いソックスは着用しない。

  (B) スーツはシワやシミのないものを着用し、ワイシャツの色は、どの年齢層の相手にも不快な印象を与えないために白を着用する。

  (C) 香水はつけず、腕時計もアクセサリーの一部に入るので仕事中は外す。

(4) 挨拶について、適切なものを1つ選びなさい。

  (A) 「いらっしゃいませ」と挨拶をしても返答のないお客様には、相手の重荷にならないような気遣いが大切なので、自分からそれ以上は声をかけないようにする。

  (B) 接客をする側の雰囲気はそのままお客様に伝わるので、気持ちが沈んでいるときに無理に明るく挨拶をする必要はなく、好調の際は自分の感情が相手に伝わるように心を込めて挨拶するよう心がける。

  (C) どんなに忙しくてもお客様が来店したら、一旦仕事の手を止めて、気持ちを込めた明るい挨拶を心がける。

(5) お辞儀について、適切でないものを1つ選びなさい。

  (A) 深い感謝や謝罪の気持ちを伝える際は、上体を約45度傾ける「最敬礼」をし、礼の始めと終わりは相手に視線を合わせる。

  (B) 廊下で人とすれ違う際は、上体を約30度傾ける「会釈」をし、視線は3〜4m先に落とし、首だけを曲げないように注意する。

  (C) お辞儀には、挨拶の途中からお辞儀をする同時礼と、挨拶の言葉を言い終えてからお辞儀をする分離礼があるが、分離礼の方がより丁寧な印象を与えることができる。

2. 訪問のマナーについて、適切なものには○を、適切でないものには×をつけなさい。

(1) コートを着用している場合、受付を済ませた後、ロビーなどで担当者を待っている間に脱ぐことが適切である。

(2) 応接室に案内され「こちらにおかけになってお待ちください」と上座を勧められたとしても、担当者が来るまでは下座に座って待つ。

(3) 取引先へ挨拶に行った際、一通りの用件が済んだので、タイミングを図って自分から辞去を切り出した。

(4) 風呂敷に包んで手土産を持参する場合、風呂敷が包装紙代わりなので、包んだままの状態で渡す。

(5) 見送りを受けた場合、エレベーターの前などで「お見送りは、こちらで結構です」と申し出て、最後に一礼して去る。

3. ビジネスにおける電話応対マナーについて、以下の問いに答えなさい。

(1) 電話を受ける際の心がまえとして、適切なものを1つ選びなさい。

(A) 電話が鳴ったら5コール以内に出ることが望ましく、相手の話の聞き漏れがないようにその都度、要点を確認する。

(B) 電話に出る際は、会社の代表という意識を持ち、第一声は「明るく・さわやかに」言葉遣いに注意して応対する。

(C) かかってきた電話の相手がはじめて話す人の場合は、「はじめまして。ABC 商事の○○と申します」と挨拶してから応対する。

(2) 電話を切る際のマナーとして、適切でないものを1つ選びなさい。

(A) 電話を切る際は、電話をくれたことや商品購入などに対するお礼を伝えてお客様に敬意を表し、プラスの印象を残すようにする。

(B) 電話を切る際に「ご不明な点はございませんか」と尋ねると、質問が重なり長電話になってしまう可能性があるので、相手から質問があればその都度回答するようにし、最後にまとめて不明点の確認をする必要はない。

(C) 電話応対はできる限りスムーズに短時間で済ませることが大切ではあるが、電話を受けた際だけではなく、切る際にも再度、自身の名前を名乗る必要がある。

4. 外国人のお客様への接客について、適切なものには○を、適切でないものには×をつけなさい。

(1) 商品について英語で何か質問をされたが、英会話に自信がなかったので、とにかく笑顔で頷いて感じの良い対応をするよう心がけた。

(2) 喫茶店の入口で、酒類を提供していないお店かどうかを確認した外国人のお客様に、メニューにお酒はないことを伝えて入店してもらったが、一部のケーキやスイーツは微量の洋酒を含んだものもあるので、念のため注文時に丁寧にメニューの説明をした。

(3) 外国人のお客様はフレンドリーな接客を好むので、家族連れのお客様がテーマパークに入園される際にお子様の頭をなでてお迎えをするようにしている。

(4) 言葉やファッションから中国人のお客様だと判断し、好みに合うよう「中国のお客様に人気の商品はこちらです」とおすすめした。

(5) 並んでいる列を無視して割り込んだお客様には、はっきりと言葉にして伝える必要があると考え「ここは日本なので、日本のルールに従ってお並びください」と強い口調でお願いした。

5. 名刺交換のマナーについて、以下の問いに答えなさい。

(1) 訪問先の応接室での名刺交換のマナーとして、適切なものを1つ選びなさい。
   (A) 担当者が来たらすぐに立ち上がり、相手の正面からテーブル越しに名刺交換をする。
   (B) スムーズに名刺交換ができるように、名刺は名刺入れから出しておき、胸ポケットやバッグの外側のポケットなど、すぐに取り出せる場所に入れておくとよい。
   (C) 名刺は文字に指がかからないように持ち、相手の方へ向きを変えて両手で差し出す。

(2) 訪問先で複数人と名刺交換をする際のマナーについて、適切なものを1つ選びなさい。
   (A) 上司と一緒に取引先の部長と課長を訪問する際、上司が取引先の部長と名刺交換をしている間に、自分は取引先の課長と名刺交換を済ませておく。
   (B) 上司と一緒に取引先の部長と課長を訪問する際、上司から先に取引先の部長、課長と順に名刺交換をし、その後自分が同じ順で交換する。
   (C) 上司と一緒に取引先の部長と課長を訪問する際、まずは目下の自分が、取引先の部長と名刺交換をする。

(3) 受け取った名刺の扱い方について、適切でないものを1つ選びなさい。
   (A) 複数人と名刺交換をして商談に入る場合は、テーブルの上に名刺を並べるとスペースが狭くなるので、交換後すぐに名刺入れにしまうようにする。
   (B) 立食パーティーなど立ち話で名刺交換をした場合は、相手の名前を確認したら名刺入れにしまってもかまわない。
   (C) 名刺交換の後、名刺に記載のない携帯電話の番号を教えていただいたので、ひとこと断りを入れて、その場で名刺の空いているスペースに書き込んだ。

6. 次の状況における言葉遣いについて、最も適切なものを1つ選びなさい。

(1) 取引先との電話で、外出中のクライアントの帰社予定時刻を聞く
   (A) ○○様は何時頃、お戻りになられますでしょうか。
   (B) ○○様は何時頃、戻られるご予定でしたでしょうか。
   (C) ○○様は何時頃、お戻りになりますでしょうか。

(2) ウェブサイトのお問い合わせページ
   (A) ご不明な点がございましたら、こちらまでお問い合わせになられてください。
   (B) ご不明な点がございましたら、こちらまでお問い合わせください。
   (C) ご不明な点は、こちらまでお問い合わせしてください。

(3) ファミリーレストランにて
   (A) お客様、ご注文はいかがなさいますか。
   (B) お食事後のお飲み物はコーヒーと紅茶がございますが、どちらにいたしますか。
   (C) おタバコのほうはお吸いになりますでしょうか。

(4) クリニックにて

  (A) 毎月の通院が難しいようでしたら、オンライン診療を検討されませんか。

  (B) 毎月の通院が難しいようでしたら、オンライン診療をご検討されませんか。

  (C) 毎月の通院が難しいようでしたら、オンライン診療をご検討になられませんか。

(5) レストランにて、食べきれなかった料理を持ち帰りたいと言うお客様への対応

  (A) 恐れ入りますが、こちらは生ものですので、お持ち帰りできません。

  (B) すみませんが、こちらは生ものですので、お持ち帰りになられません。

  (C) 申し訳ございませんが、こちらは生ものですので、お持ち帰りになれません。

7. 次の「   」内の漢字の正しい読み方を解答用紙に記入しなさい。

(1)「閣僚」   (2)「栄転」   (3)「繁忙」   (4)「慈しむ」   (5)「補填」

8. 次のアルファベットの略語について適切な日本語を、(A)～(H)の中から選びなさい。

(1) EC   (2) DX   (3) ES   (4) SDGs   (5) FIRE

(A) 持続可能な開発目標	(B) 経済的自立と早期リタイア
(C) 最高経営責任者 (D) デジタル技術	(E) 電子商取引 (F) 環境保護
(G) デジタルトランスフォーメーション	(H) 従業員満足

9. 総合商社の新人営業マンＡが、取引先と商談をする際に心がけていることとして、最も適切なものを１つ選びなさい。

(A) 取引先を訪問し応接室に案内された際には、いつも資料などを入れて持ち歩いているバッグは、足元で邪魔にならないようにソファやいすの上に置くようにしている。

(B) ビジネスシーンでは、どんなときも必ず標準語を使用し、丁寧な言葉で思いやりの気持ちを持って、相手に正確に内容が伝わるような話し方をしている。

(C) 取引先とのアポイントメントに遅刻しそうな場合は、すぐに連絡を取り、時間をずらすか日を改めるかの相談をするようにしている。

10. スタッフＡの働く輸入食器店で、新しくオンライン接客を導入することになった。対面での接客と同様に、オンライン接客でもお客様におもてなしを提供するために、Ａが考えたこととして、最も適切なものを１つ選びなさい。

(A) その場の空気に合わせて進められるよう、事前のヒアリングはおこなわず、画面越しに伝わる雰囲気やフィーリングを大切にしながら、お客様の好みやニーズを聞き出していこう。

(B) 対面での接客時よりも表情や声のトーンなどが伝わりづらいので、お客様に安心していただけるよう、いつも以上ににこやかな笑顔や相づちを心がけ、一方的に情報を伝えるのではなく、「何か気になる点はございませんか」などと適宜問いかけをするようにしよう。

(C) お客様は自宅でリラックスしながらお買い物を楽しまれるので、おすすめしたい商品の特徴などを細かく丁寧に伝えることに徹して、ゆっくりと時間をかけて接客をしていこう。

11. ネイルサロンで働くネイリストＡが、お客様への気遣いとして実践していることとして、最も適切なものを１つ選びなさい。

(A) 物静かなお客様には、その場を楽しんでいただけるよう世間話などこちらから積極的に話しかけ、会話を弾ませるためにお客様のプライベートについても色々と質問をするようにしている。

(B) 馴染みのお客様には優越感を感じてもらえるように、他のお客様の前で特別扱いするようにし、細心の注意を払いながら施術するように心がける。

(C) 混雑時は、施術だけに気を取られてしまわないようにし、笑顔やあいさつを忘れず、お客様を待たせる場合は、雑誌やキャンディーを勧めて手持ちぶさたにならないように気遣う。

12. 総合病院の看護師Ａは、子どもが待合ロビーで走り回って騒いでいるのに気がついた。どうやら母親の診察について来ているようだ。他の患者様は迷惑顔だが、母親はそれに気づかず何も注意をしない。その際のＡの応対として、最も適切なものを１つ選びなさい。

(A) 周りの患者様は明らかに迷惑そうなので「危ないよ！静かにしなさい！」と子どもに注意し、母親に周囲の迷惑となっていることを気づかせるようにした。

(B) 母親に「子どもさんを静かにさせてください」とは言えないので、周りの患者様に「ご迷惑をおかけして、申し訳ございません」と丁寧にお詫びをした。

(C) 子どもに「ぶつかると危ないから、お母さんのところで座って待とうね。絵本や塗り絵で遊ぶ？」と声をかけて誘導し、母親にも待ち時間が長いことを詫びたうえで、座って待つようお願いをした。

13. 客室乗務員Ａは、ロンドンから東京へ向かう飛行機に乗務している。この便には、日本人のお客様が多く、洋食と和食の２種類から選べる朝食のサービスでは、和食の人気が圧倒的に高くなりそうな状況である。その際、Ａが心がけたこととして、最も適切なものを１つ選びなさい。

(A) すぐに和食を切らしてしまい、後のほうのお客様には洋食しか行きわたらない状況を避けるため、まずは「洋食をご用意しております」とだけお伝えし、できる限り洋食をサービスしていこう。そのために、お客様から和食をリクエストされたとき以外は、あえてこちらから「和食と洋食のどちらがよろしいですか」とはお聞きしないようにしよう。

(B) できるだけ多くのお客様に希望どおりのお食事を召し上がっていただくため、カップルやご家族など、お食事を分け合うことができそうなお客様には、２種類どちらもおすすめしてみるのはどうだろうか。どちらの魅力も伝えながら、「洋食も和食もおいしいですよ。よろしければ、おひとつずついかがですか」と伝えてみよう。

(C) 長距離の国際線ご利用のお客様は、飛行機に乗り慣れている方が多いので、万が一、ご希望の食事が提供されなくても、乗務員の責任ではないし、きちんと謝罪すればすぐに理解していただけるのではないか。むしろ、「どのあたりの座席から食事がサービスされるか」など、次ご利用になるときに役立つ裏情報をお伝えすれば、顧客満足度が高まり喜ばれるだろう。数に限りがあるのは仕方がないことなので、あまり考えすぎずに笑顔でサービスをしよう。

14. 次の各場面において、（　　　）に入る最も適切なものを1つ選びなさい。

(1) ＜レストランにて＞

スタッフ：こんにちは、さくらレストランをご利用いただきありがとうございます。
　　　　　何名様でいらっしゃいますか。

Staff: Good afternoon. Thank you for (　　　) Sakura Restaurant.
　　　　How many people are in your party?

(A) choosing　　(B) chosen　　(C) choose　　(D) to choose

(2) ＜クライアントとの会話＞

御社の本社はどこにありますか。

Where is your company's (　　　)?

(A) branch office　　(B) head office　　(C) top office　　(D) center office

(3) ＜機内にて＞

客室乗務員：お食事はお済みですか。トレイをおさげしてもよろしいでしょうか。
お客様：はい、お願いします。ありがとうございます。

Cabin Crew: Have you enjoyed your meal? (　　　) take your tray?
Customer: Yes, please. Thank you.

(A) Would you like　　(B) Would you mind　　(C) May I　　(D) Could you

(4) もう一度おっしゃっていただけますか。

Could you (　　　) that again, please?

(A) repeat　　(B) talk　　(C) speak to　　(D) say

(5) 明日の午後5時までに、予約のご確認をお願いいたします。

Please confirm your reservation (　　　) 5 p.m. tomorrow.

(A) by　　(B) in　　(C) until　　(D) on

15. 次の英単語に相当する日本語のカタカナ語を書きなさい。

〈例〉image　　解答：イメージ

(1) muffin　　(2) campaign　　(3) hospitality　　(4) global　　(5) spoon

第61回

接客サービスマナー検定　　3級

実　施　日：２０２３年８月６日（日）
試験時間：６０分

注　意　事　項

A　この試験の問題用紙は６ページです。問題用紙の他に解答シートが１枚あります。
　　試験開始後すぐに、ページ数と解答シートがあるか確認してください。
　　※不足や違いがあるときは試験官にお知らせください。
B　解答は、全て別紙の解答シートに記入してください。
C　問題に関する質問は一切受け付けません。
D　不正行為があったときは、すべての解答が無効になります。
E　その他、試験官の指示に従ってください。

解答シート（別紙）記入方法

１．「受検地」「試験会場」を記入してください。
２．「受検番号」を記入してください。
３．「氏名」を漢字で記入し、カタカナで読み仮名を記入してください。
４．「年齢」「性別」「職業」を記入してください。

受検番号	氏　名

ＮＰＯ法人　日本サービスマナー協会

1. 来客応対のマナーについて、以下の問いに答えなさい。

(1) 受付での応対として、適切なものを1つ選びなさい。
 (A) アポイント無しの飛び込み営業の場合は、丁寧に応対する必要はないので「恐れ入りますが、お引き取りください」と断る。
 (B) 会社への訪問は基本的にアポイントをとってからが原則なので、アポイントのないお客様の場合は、むやみに用件を聞いたり取り次いだりはせず、再度、アポイントをとったうえでの来社を依頼する。
 (C) お客様が来社したことに気づいたら、すぐに立ち上がり「いらっしゃいませ」と声をかけ、会社名・名前などを確認し、担当者に取り次ぐ。

(2) お客様を誘導、案内する際のマナーとして、適切なものを1つ選びなさい。
 (A) 下り階段でお客様を案内する際は、お客様に先に下りていただき、案内人が後に続く。
 (B) まずはお客様を案内する行き先を言葉と所作で示したうえで、お客様の斜め前を歩き、お客様が廊下の中央を歩けるよう誘導する。
 (C) エレベーターを使って案内する場合、他の人がエレベーターに乗っていなければ、お客様に先に乗ってもらい、到着階では案内人が先に降りる。

(3) 応接室の入退室のマナーとして、適切なものを1つ選びなさい。
 (A) 応接室にお客様を案内したら、お客様の好きな席に自由に座るよう勧める。
 (B) アポイントがあるお客様用に前もって応接室を予約してあるので、入室時には特にドアをノックする必要はない。
 (C) ドアが外開きの応接室の場合、まず手前にドアを引いてから開いたドアを押さえて、お客様を先に室内に通す。

(4) 取引先から手土産(お菓子)をいただいた際の応対として、適切でないものを1つ選びなさい。
 (A) 用意していたお茶菓子と、お客様の手土産が同じような物の場合は、優先的に手土産を出し、「おもたせですが」と一言添える。
 (B) お客様の手土産を出す際は、手土産を開ける瞬間を一緒に楽しむため、お客様の目の前で包み紙を開け、皿などに移してから振る舞うようにする。
 (C) お客様の手土産が日持ちのするお菓子で、こちらで用意しておいたものが生菓子の場合は、生菓子を優先して出す。

(5) お茶出しのマナーとして、適切なものを1つ選びなさい。
 (A) お茶とお茶菓子を一緒に出す場合は、お茶菓子はお客様から見て右側に、お茶はお客様から見て左側に置く。
 (B) お茶を出す際は、お盆をサイドテーブルなどに置いて、ひとつずつ上座のお客様から順番に出していき、お客様の右側から両手で出すのが基本である。
 (C) 応接室ですぐにお客様に出せるように、茶托の上に湯飲みをセットした状態のお茶を人数分と準備したふきんをお盆にのせて運ぶ。

2. ホスピタリティについて、適切なものには〇を、適切でないものには×をつけなさい。
(1) ホスピタリティは、対価や報酬を求めるものではなく、お客様に喜びを与えることを重視して行動することが大切である。
(2) 質の高いサービスを提供するためには、お客様の期待を上回るマナーで接することが求められる。
(3) 顧客満足の実態は、同じお客様の「リピート」では確信を持つことができないので、様々なお客様の声を集めるため、顧客満足度アンケートを定期的に実施することが望ましい。
(4) 医療機関は増患・集患対策をしなくても、患者様が集まる傾向にあるので、たとえ十分にホスピタリティが実践できていなくても、経営に支障のない業界である。
(5) 従業員のホスピタリティの発揮は、顧客満足と密接な関わりがあり、顧客満足が高まれば高まるほど、従業員はお客様へ最上のおもてなしを行うことができるようになる。

3. オンライン会議でのマナーについて、以下の問いに答えなさい。
(1) オンライン会議での傾聴姿勢や発言をする際の配慮として、適切でないものを1つ選びなさい。
 (A) あいづちよりも頷きなどのジェスチャーを大きく示し、パソコンの画面上で話している人の顔よりも、アイコンタクトを示すためにカメラ目線を意識する。
 (B) 参加者の接続環境や場所によっては、声が聞きとりづらかったり、声が届くのに時間がかかる可能性があるので、対面時より大きな声で何度も同じ内容を繰り返して伝えるようにする。
 (C) 画面越しでは、表情も対面時より伝わりづらくなるので、他の人が発言しているときには、話しやすく感じてもらえるよう、いつも以上ににこやかな笑顔で聞くようにする。

(2) 自宅からオンライン会議に参加する際のマナーとして、適切なものを1つ選びなさい。
 (A) 部屋の中が映らないよう、カーテンを開けた状態の窓を背景にし、自然光で表情が明るく見えるように工夫をする。
 (B) 自宅で社内オンライン会議に参加する際には、リラックスできる環境で自由に意見が言い合えるメリットを生かすため、仕事とプライベートの垣根をなくして、できるだけくつろげるよう普段自宅で着ている服で参加する。
 (C) できる限り静かな場所を確保する必要があるが、どうしても雑音が入ってしまう場合は、ミュート機能を活用し、自分が発言するときだけマイクをオンにすれば良い。

4. ビジネス文書について、適切なものには〇を、適切でないものには×をつけなさい。
(1) 受領書は、物品や金銭を受け取った者が、引き渡した者(相手)に対して、受領したことの証として相手に渡す書類である。
(2) 文書の前文あいさつで、会社の商売の繁栄を喜ぶ意味に用いる語句は「ご清祥」である。
(3) 社内文書には前文や過度の敬語は必要なく、要点がすぐに伝わるような表現で作成するのが良い。
(4) ビジネス文書では頭語の後、時候の挨拶を述べるが、8月の時候の挨拶は「向暑の候」である。
(5) 取引先に自分の後任の担当者を紹介するために、紹介状を持参して訪問した。

5. ビジネスにおける電話応対マナーについて、以下の問いに答えなさい。
(1) 電話応対の心構えとして、適切なものを1つ選びなさい。
 (A) 電話機は、すぐに利き手で受話器を取れる位置に置いておき、電話が鳴ったら3コール以内に
   出るのが望ましい。
 (B) 自分の応対の善し悪しが会社のイメージに影響するということを常に意識して、明るい声で好印
   象の応対を心がける。
 (C) 急ぎのデータ入力中に電話が鳴った場合、手が自由に使えるよう受話器は首と肩に挟み、作業
   を続けながら応対をすると効率的である。

(2) 取引先と電話をする際の心がけとして、適切でないものを1つ選びなさい。
 (A) 自分一人では決められない内容であれば、「上司と相談してから返事をする」旨を伝えて、一旦
   電話を切らせてもらう。
 (B) 取引先からの要求をやむを得ず断る際は、申し訳ないという気持ちを表す話し方で、最後まで丁
   寧に応対する。
 (C) 相手の話をうっかり聞き逃してしまった場合でも、あいづちを効果的に使い、相手に「話を聞い
   ていますよ」とアピールして、安心感を与える話の聞き方をする。

(3) 電話を切る際のマナーとして、適切なものを1つ選びなさい。
 (A) 電話を切る際に「ご不明な点はございませんか」と尋ねると、質問が重なり長電話になってしま
   うので、相手から質問があればその都度回答し、最後にまとめて聞かないようにする。
 (B) 電話を切る際は、電話をかけていただいたことに対するお礼や商品購入等に対するお礼など、お
   客様に敬意を表しプラスの印象を残すようにする。
 (C) 電話応対はできる限りスムーズに短時間で済ませることが大切なので、電話を受けた際に社名と
   ともに自分の名前を名乗っていれば、電話を切る際に再度名乗る必要はない。

6. 次の状況における言葉遣いについて、最も適切なものを1つ選びなさい。
(1) 電話で、お客様に田口部長が休暇中であることを伝える
 (A) あいにく、田口部長は本日お休みをいただいております。
 (B) あいにく、部長の田口は本日休みを頂戴しております。
 (C) あいにく、田口は本日休みを取っております。

(2) 就職面接にて、自己PRをする
 (A) 5歳のころから英会話を習わせていただいておりましたので、英語力には自信があります。
 (B) 5歳のころから英会話を習わさせていただいていたので、英語力には自信を持っております。
 (C) 5歳のころから英会話を習っていたので、英語力には自信がございます。

(3) 取引先の担当者との会話
 (A) 今の会社にお勤めになって何年くらいですか。
 (B) 今の会社には何年くらいご勤務されているのですか。
 (C) 何年くらい今の会社にお勤めになられていますか。

(4) レストランにて

  (A) お待たせしました。こちらが、豆腐ハンバーグ定食です。

  (B) お待たせしました。こちらが、豆腐ハンバーグ定食になります。

  (C) お待たせいたしました。こちらが、豆腐ハンバーグ定食になっております。

(5) オンラインショップのウェブサイト上の注意書き

  (A) 商品は約1週間後にお届け予定でございます。ご了承になられてください。

  (B) 商品は約1週間後にお届け予定でございます。ご了承してください。

  (C) 商品は約1週間後にお届け予定でございます。ご了承ください。

7. 次の「   」内の漢字の正しい読み方を解答用紙に記入しなさい。

(1)「稼働」   (2)「衷心」   (3)「便宜」   (4)「薦める」   (5)「懇願」

8. テーブルマナーについて、(   )に入る最も適切な語句を、(A)～(H)の中から選びなさい。

  （同じ選択肢を複数回使用してもかまいません）

  着席する時は、いすの（（1））から座るのが原則であり、足を組んだりせずに揃えて座ります。

  ナプキンは、折り目（輪の部分）を（（2））にして膝の上に置きます。

  複数のナイフやフォークがセットされている場合は、（（3））から使い、パン皿は自分の

  （（4））に置いてあるものを使用します。

  食事を終えたら、ナプキンをたたんで（（5））の上に置いて退席します。

(A) 内側	(B) 外側	(C) 右側	(D) 左側
(E) 向こう側	(F) 手前	(G) いす	(H) テーブル

9. 喫茶店のホールスタッフAは、外国人の家族連れのお客様から「子供が食べ残したサンドイッチを持ち帰りたいから包んでほしい」と頼まれた。お客様が注文されたミックスサンドは生ものなので、持ち帰りはできない決まりである。お客様は「アメリカでは当たり前なのに、なぜ持ち帰ることができないのか」といらいらした様子である。Aの応対として、最も適切なものを1つ選びなさい。

(A) 国によって文化や価値観が異なるのは当然ではあるが、日本には日本の習慣、店には店ごとのルールがあるのだから、毅然とした態度で「申し訳ございませんが、生ものは持ち帰りができないのが当店の決まりです」と伝える。

(B) 「食中毒対策のため、生もののお持ち帰りはご遠慮いただいています」と明確な理由を挙げて説明し、加熱調理したカツサンドやハンバーグサンドであればお持ち帰り用として用意できることを伝える。

(C) いらいらした様子のところに、さらに間違えた英語でたどたどしく説明をすると失礼なので、保冷剤をつけるなど十分に対策をしたうえで、特別に持ち帰り対応を取り計らった。

10. 看護師Aは、患者様とそのご家族に対して手術と入院に関する説明をしている。患者様は以前にもこの病院での入院経験があり、Aとはお互いに親しく会話をするような仲である。Aの応対として、最も適切なものを1つ選びなさい。

(A) 説明の最後に「ご不明な点はございませんか」と問いかけ、質問がなくても「入院中、分からないことがあれば、いつでも聞いてください」と、安心感を与える声がけをした。

(B) 次の仕事が迫っていたため、時間内に詳しく説明することができなかったが、気心の知れた患者様であるので、AのLINEの連絡先を教えて、質問があれば連絡をくださいと伝えた。

(C) 手術や入院時の説明は決まりきった案内ばかりであり、患者様も何度も聞いたことのある内容だったので、同意書にサインだけもらって簡潔に説明を済ませた。

11. 店員Aが働くサラダ専門店は、ヘルシー志向の女性や糖質制限をしているお客様に大変人気が高い。特にお昼時は多くのお客様が来店し混雑するだけでなく、デリバリーサービスの注文も入るため、とても忙しい状況が続く。Aの応対として、最も適切なものを1つ選びなさい。

(A) カウンターでの応対を一時中断し、先にデリバリーサービスの注文品を準備する必要がある場合は、並んでいるお客様からクレームが出ないよう、とにかく機敏に動いて忙しさをアピールする。

(B) 1対1のカウンターでの応対のほかに、並んで待っているお客様にも常に気を配り、周囲のお客様へ適宜、声をかけながら応対していく。

(C) どんなに混雑していても、空いているときと同じようなサービスを提供することが大切なので、まずは目の前のお客様に集中して、ひとりひとり丁寧に応対していく。

12. デパートの地下食品売り場のスタッフAが、お客様への気遣いとして実践している応対として、最も適切なものを1つ選びなさい。

(A) エコバッグをお持ちのお客様が多いなか、有料のレジ袋が必要かどうかを聞くことによってお客様のお時間をとってしまっては申し訳ないので、お客様から要望がない限り、レジ袋についてはわざわざ聞かずにスムーズな会計をおこなっている。

(B) 焼き菓子の詰め合わせで、どれにしようか迷っているお客様に「いちばん人気の商品はこちらAですが、個人的には、この詰め合わせBのほうがおいしいのでおすすめです」とアドバイスした。

(C) 2人前のお弁当を購入したお客様が「これから家族3人で旅行なので、新幹線の中で食べます」と言っていたので、「おしぼりとお箸は3人分おつけいたしましょうか」と尋ねた。

13. フロントスタッフAが働くビジネスホテルでは、自動チェックイン機とセルフクロークが備え付けられ、チェックイン・チェックアウトや手荷物のお預けなどはお客様自身で完了できるシステムを導入している。Aが心がけていることとして最も適切なものを1つ選びなさい。

(A) 高齢のお客様は機械が苦手な傾向なので、積極的に「お手伝いいたします」と声をかけ、お待たせしないよう、お客様に代わってすばやくチェックイン機の操作を済ませてしまう。

(B) 中年層のお客様に手伝いを申し出ると、「機械の使い方くらい自分でわかる」と不満げに言われてしまうこともあるため、よほど困っている様子でない限りは、こちらからは何もせず見守るようにしている。

(C) 施設の使い方や周辺案内など、直接スタッフに確認したいお客様もいるので、入館したお客様に必ず笑顔で挨拶をし、声をかけやすい印象づくりを意識している。

14. 次の各場面において、（　　　）に入る最も適切なものを1つ選びなさい。

(1) ＜レストランにて＞

こちらのランチセットにはライスかパンがついております。どちらになさいますか。

This lunch set (　　　) with rice or bread. Which would you like?

(A) comes　　(B) adds　　(C) takes　　(D) gives

(2) ＜機内で＞

客室乗務員：何かお飲み物はいかがでしょうか。

お客様：コーヒーをいただけますか。

Cabin Crew: (　　　) something to drink?

Customer: Can I have some coffee, please?

(A) Do you want　　(B) Could you　　(C) Would you like　　(D) Would you mind

(3) ＜百貨店にて＞

レストランは7階と8階にございます。

Restaurants are (　　　) the seventh and eighth floor.

(A) at　　(B) on　　(C) to　　(D) in

(4) 何かございましたら、どうぞお知らせください。

If you need any (　　　), please let me know.

(A) problem　　(B) convenience　　(C) concern　　(D) assistance

(5) すみません、ペンをお借りできませんか。

Excuse me, could I (　　　) your pen?

(A) lend　　(B) rent　　(C) borrow　　(D) lease

15. 次の英単語に相当する日本語のカタカナ語を書きなさい。

〈例〉image　　解答：イメージ

(1) alcohol　　(2) catalog　　(3) quality　　(4) toast　　(5) basic

第62回

接客サービスマナー検定　　３級

実施日：２０２３年１１月５日（日）
試験時間：６０分

注意事項

A　この試験の問題用紙は６ページです。問題用紙の他に解答シートが１枚あります。
　　試験開始後すぐに、ページ数と解答シートがあるか確認してください。
　　※不足や違いがあるときは試験官にお知らせください。
B　解答は、全て別紙の解答シートに記入してください。
C　問題に関する質問は一切受け付けません。
D　不正行為があったときは、すべての解答が無効になります。
E　その他、試験官の指示に従ってください。

解答シート（別紙）記入方法

１．「受検地」「試験会場」を記入してください。
２．「受検番号」を記入してください。
３．「氏名」を漢字で記入し、カタカナで読み仮名を記入してください。
４．「年齢」「性別」「職業」を記入してください。

受検番号	氏　名

ＮＰＯ法人　日本サービスマナー協会

1. ビジネスマナーについて、以下の問いに答えなさい。

(1) 日常の仕事の進め方について、適切なものを1つ選びなさい。
 (A) 部長から新たな仕事を与えられた際は、課長から指示された現在進行中の作業は一旦保留にして、部長からの指示を優先して取り組む。
 (B) 仕事は全体を把握して取り組むが、作業が遅れ、定められた期日までに終わりそうにない場合、期日直前までは努力を続けたうえで、上司に納期を見直す相談をする。
 (C) 指示を受けている途中で疑問を感じたとしても、メモを取りながらいったん最後まで聞いて全体を把握し、その後質問をして明確にする。

(2) 報告・連絡について、適切なものを1つ選びなさい。
 (A) 長期にわたる仕事は区切りとなる要所で経過を報告すればよいが、状況の変化やアクシデントがあった場合は、直ちに報告をする。
 (B) 口頭で指示を受けた場合は口頭で、メールで受けた場合はメールでなど、基本的に上司から指示を受けた方法で報告をおこなう。
 (C) 連絡する際は、曖昧な言葉や表現は使わないよう心がけ、より明確に伝えるために自身の憶測や願望も織り込んで、できるだけ早く関係者全員に伝える。

(3) 電話応対のマナーについて、適切でないものを1つ選びなさい。
 (A) 複雑な用件で電話をかける時は、スムーズに用件を伝えられるように事前にメモを準備して、確認しながら話す。
 (B) 取り次ぐ相手が隣にいたとしても、名指し人の名前を復唱し、保留にしてから取り次ぐ。
 (C) 社外からの電話で、名指し人が不在の場合、外出先と帰社予定時刻を伝える。急用でなければ「戻り次第こちらからお電話いたしましょうか」と提案する。

(4) お辞儀について、適切なものを1つ選びなさい。
 (A) 廊下で人とすれ違う際は上体を約15度傾ける「会釈」をし、首だけを曲げないよう注意する。
 (B) 深い感謝や謝罪の気持ちを伝える際は上体を約90度傾ける「最敬礼」をし、お辞儀の始めと終わりにしっかりと相手に目線を合わせる。
 (C) お辞儀には挨拶言葉の途中からお辞儀をする同時礼と、挨拶の言葉を言い終えてからお辞儀をする分離礼の2つがあるが、同時礼のほうがより丁寧な印象を与えることができる。

(5) 会議の議事録作成の注意事項として、適切なものを1つ選びなさい。
 (A) 議事録の冒頭には、会議の名称、開催日時、場所、出席者、議題を必ず記載する。
 (B) 議事録に記載するのはあくまでも決定事項のみであり、保留事項などは記載しない。
 (C) 議事録は会議終了後 4〜5日頃に配布できるよう、迅速かつ正確に作成する。

2. 贈答マナーについて、適切なものには〇を、適切でないものには×をつけなさい。

(1) 毎年お歳暮を贈っている相手が喪中であったが、日頃の感謝を伝えるためお歳暮を贈った。

(2) 同僚が念願のマイホームを建てたと聞いたので、新居でリラックスできるように、おしゃれなアロマキャンドルを新築祝いとして選んだ。

(3) 取引先の美容院が2号店を出店したお祝いに、表書きを「御花料」として生花を贈った。

(4) 火事に遭い、災害見舞いをもらったが、すぐにお礼ができなかったので、落ち着いてからお返しの品を贈った。

(5) 「これからは週末にキャンプを楽しむことを夫婦共通の趣味にしていく」と話していたアウトドア好きの先輩への結婚祝いとして、ドイツ製の高級アウトドアナイフをプレゼントした。

3. 電子メールのマナーについて、以下の問いに答えなさい。

(1) メール返信に関する説明について、適切でないものを1つ選びなさい。

(A) 返信は迅速に、遅くとも24時間以内に行うことを心がける。

(B) 返信する際、同件のメールであれば「Re:」はつけたまま、件名を変えずに送る。

(C) TOではなくCCで受信したメールでも、送信者がお客様や上司の場合は、必ず受信確認の返信をする。

(2) 電子メールのマナーとして、適切なものを1つ選びなさい。

(A) お客様への商品の不具合についてのお詫びメールで、CCに上司のメールアドレスを入れて送信した。

(B) 取引先の担当者に作業の進捗状況を報告するメールで、CCに上司のメールアドレスを入れて送信した。

(C) 複数のお客様に新製品の展示会の情報を提供する目的で、CCにお客様全員のメールアドレスを入れて送信した。

4. ホスピタリティについて、適切なものには〇を、適切でないものには×をつけなさい。

(1) ホスピタリティとは「心からのおもてなし」を指し、対価を得ることを目的におこなうのではなく、相手に喜びを与えるために自発的におこなう点で、「サービス」とは区別される。

(2) 従業員のホスピタリティの発揮は顧客満足と比例し、顧客満足を実感すれば従業員の意欲が増し、残業の増加など多少の自己犠牲があっても、お客様のお役に立ちたいと思えるものである。

(3) お客様の状況や気持ちは観察して推測するものではなく、会話をしてはじめてわかるものなので、ニーズを聞き出す会話が重要である。

(4) ホスピタリティ研修の実施や接遇目標を立てるなどの積極的な取り組みはお客様と直接かかわる部署がおこない、お客様と直接かかわらない部署にも取り組み内容を紹介するのが効率的である。

(5) お客様の話を傾聴するのはホスピタリティ発揮の大事な要素である。やや前傾姿勢で、終始お客様の目をじっと見つめ、頷きや相槌などの反応を示しながら聴く。

5. 来客応対について、以下の問いに答えなさい。
(1) お客様を誘導・案内する際のマナーについて、適切でないものを1つ選びなさい。
 (A) 応接室に着いたら「空室」と表示されていても必ずノックをし、外開きのドアであれば、先にお客様に入室してもらい、上座をすすめる。
 (B) 行き先を言葉と所作で示したうえで、お客様の2～3歩斜め前を歩いて先導し、歩く速度はお客様に合わせるよう配慮する。
 (C) エレベーターで案内する際は、他の人が乗っていなければ、外からドアを押さえて先にお客様に乗っていただき、エレベーター内では操作盤の前に立って操作をする。

(2) 在席中の上司にアポイントなしの来客があった場合の応対として、適切なものを1つ選びなさい。
 (A) 上司は在席しているので、「すぐに呼んでまいります。ご用件を教えていただけますか」と迅速に取りつぐよう応対した。
 (B) 上司がいる・いないについては触れずに、「確認いたしますので、ご用件を教えていただけますか」と尋ね、上司の意向を聞く。
 (C) 「社内にはおりますが、すぐに対応できるかどうかを確認いたしますので、少々お待ちいただけますか」と状況を詳しく伝えたうえで、上司の指示に従う。

(3) 来客へのお茶出しのマナーについて、適切なものを1つ選びなさい。
 (A) 商談が長引きお茶を差し替える際は、まずは温かいうちに新しいお茶を全員に出してから、先に出していた湯呑みを下げる。
 (B) 初めて来社した2名のお客様で、それぞれの役職などがはっきりとわからない場合は、年配で役職が高そうに見える方から先にお茶を出すようにする。
 (C) 応接室にサイドテーブルがない場合、応接テーブルの末席のスペースにお盆を置かせてもらい、茶托を両手で持って、ひとりひとりに出すようにする。

6. 次の状況における言葉遣いについて、最も適切なものを1つ選びなさい。
(1) レジにて、お客様にレシートを渡す。
 (A) こちらレシートのお返しでございます。
 (B) こちらがレシートになります。
 (C) こちらがレシートでございます。

(2) 取引先の店舗へのメール
 (A) 貴店のますますのご発展をお祈り申し上げます。
 (B) 弊店のますますのご繁盛をお祈り申し上げます。
 (C) 御店のますますのご健勝をお祈り申し上げます。

(3) お客様からの電話で、名指し人の不在を伝える。
 (A) 申し訳ございませんが、田中課長はただいま外出中でございます。
 (B) 恐れ入りますが、田中はただいま席を外しておられます。
 (C) あいにく、課長の田中はただいま外出しております。

(4) ホテルにて、お客様に案内する。
  (A) お手数をおかけしますが、こちらの用紙にお名前とご住所をいただけますでしょうか。
  (B) 禁煙ルームと喫煙ルームがございますが、どちらになさいますか。
  (C) 順番にご案内しますので、あちらにおかけになられてお待ちいただけますか。

(5) 患者様へのアドバイス
  (A) 食事制限で血糖値がお下がりにならない場合は、適度な運動もなさってください。
  (B) 食事制限で血糖値が下がられない場合は、適度な運動もなさってください。
  (C) 食事制限で血糖値が下がらない場合は、適度な運動もなさってください。

7. 次の「　　　　」内の漢字の正しい読み方を解答用紙に記入しなさい。
(1)「脚立」　　　　(2)「卓越」　　　　(3)「諭す」　　　　(4)「脆弱」　　　　(5)「羅列」

8. 旧暦の月の別称について最も適切な語句を、(A)〜(H)の中から選びなさい。
(1) 2月　　　　(2) 6月　　　　(3) 7月　　　　(4) 9月　　　　(5) 11月

(A)睦月	(B)水無月	(C)文月	(D)卯月
(E)長月	(F)如月	(G)霜月	(H)神無月

9. 婦人雑貨店の店長Aは、お客様が商品を選びやすくなるような言葉がけを意識している。個性的なデザインの赤いショルダーバッグを手に取って見ているお客様に対する声かけとして、最も適切なものを1つ選びなさい。
(A) 「個性的なデザインだから合う服が限られているかしら」と言われたので、「本日お召しのワンピースに大変よく合いますね。シンプルなお洋服との相性がいいのですが、お持ちのお洋服はいかがですか」と尋ねた。
(B) 「旅行のサブバッグとして使用したいのだけど、どうかしら」と言われたので、「こちらは当店人気ナンバーワンの商品です。先日発売の雑誌にも掲載されました」とアピールした。
(C) 「同じデザインで、黒か紺はありませんか」と言われたので、「申し訳ございません。こちらの商品は赤のみです。赤だからこそ映えるデザインです。華やかですよね」と前向きに答えた。

10. 商社の営業担当Aが商談で心がけていることとして、最も適切なものを1つ選びなさい。
(A) ビジネスシーンでは、いつでも標準語を使用することを徹底し、丁寧な言葉で思いやりの気持ちを持って、相手に内容が明確に伝わる話し方をしている。
(B) 商談中は口角を上げた表情を保ち、お客様の言葉にゆっくり深く頷いたり、強調したい言葉の前には十分な間を入れるなど、説得力のある会話を心がける。
(C) お客様は大事な時間を割いてくれるのだから、伝える内容はあらかじめ整理し、雑談はせずにすぐに本題に入って効率的に商談を進める。

11. コンビニエンスストアのスタッフAがレジで接客中の高齢のお客様は、お金をゆっくりと確認しながら取り出し、会計に時間がかかっている。レジには列ができ、大勢のお客様が待っている。Aの応対として、最も適切なものを1つ選びなさい。
(A) 高齢のお客様を急かすのは失礼であり、焦らせないよう配慮することが大切だと考え、穏やかな表情で黙って見守りながら待つ。
(B) 高齢のお客様に一声かけて素早くバックヤードに行き、在庫の確認をしているスタッフに声をかけ、並んでいるお客様をほかのレジで応対するよう依頼する。
(C) 少しでも早く次のお客様の応対ができるように「おばあちゃん、お手伝いしましょうか」と親しみを込めて呼びかけてサポートする。

12. 受付事務としてAが働くクリニックでは、ウェブ問診票のシステムを導入している。従来の紙の問診票も併用しているが、診察の流れをスムーズにするため、ウェブ問診票を積極的にすすめている。「待ち時間が減った」と好評である一方、スマートフォンやパソコン操作に慣れていない患者様からは「操作がわかりづらく難しい」と苦情が出ることもある。Aが心がけていることとして、最も適切なものを1つ選びなさい。
(A) 高齢の患者様の多くが紙の問診票を希望するので、時間を取って患者様を苛立たせないよう、高齢の患者様には最初から紙の問診票を渡すよう配慮している。
(B) ウェブ問診票に不安な様子の患者様がいたら、「お手続きがスムーズに進められるようお手伝いします。ご不安でしたら従来の紙の問診票もございます。どちらがご希望ですか」と、サポート体制を説明したうえで、希望を聞く。
(C) 「ウェブ問診票のほうが案内はスムーズだと聞いた。紙の問診票を選ぶと、長く待たされて不公平になるんじゃないか」と問診票の併用に不満を持つ患者様には、「誠に申し訳ございません。〇〇様は優先的にご案内します」と、丁寧な謝罪と迅速な対応を心がけている。

13. リゾートホテルのベルボーイAが宿泊予約の家族をエントランスでお迎えした際の、3歳のお子様に対する接し方について、適切でないものを1つ選びなさい。
(A) お子様の目線に合わせて腰を落とし、アイコンタクトをとって笑顔で挨拶した。
(B) 入口に段差があるので「足元が危ないので手を繋ぎましょうか」と声をかけてから、手を取って誘導した。
(C) お子様が元気に挨拶をして入ってきたので、親しみをこめて「こんにちは」と挨拶し、頭をなでた。

14. 次の各場面において、(　　　)に入る最も適切なものを1つ選びなさい。

(1) ＜空港にて＞

パスポートを拝見してもよろしいでしょうか。

(　　　) see your passport, please?

(A) Would you like　　(B) Could you　　(C) May I　　(D) Would you mind

(2) ＜コンビニエンスストアにて＞

お客様：すみません、カレーパンはありますか。いつもこの棚にあると思うのですが。

スタッフ：申し訳ございません。そちらの商品は現在、在庫切れです。

Customer: Excuse me, do you have the curry bread? It's usually placed on this shelf.

Staff: We are so sorry, that item is currently (　　　).

(A) off stock　　(B) out of order　　(C) out of stock　　(D) in order

(3) ＜レストランにて＞

ご注文はお決まりでしょうか。

Are you (　　　) to order ?

(A) decide　　(B) ready　　(C) prepare　　(D) take

(4) ＜アパレル店にて＞

何かお探しでいらっしゃいますか。

Are you (　　　) anything in particular?

(A) looking after　　(B) looking over　　(C) looking around　　(D) looking for

(5) 詳細は、弊社のウェブサイトをご覧ください。

For more details, please (　　　) our website.

(A) see　　(B) go　　(C) look　　(D) visit

15. 次の英単語に相当する日本語のカタカナ語を書きなさい。

〈例〉 image　　解答：イメージ

(1) venture　　(2) influencer　　(3) rival　　(4) towel　　(5) collaboration

第59回

接客サービスマナー検定　　2級

実施日：２０２３年２月１２日（日）
試験時間：６０分

─── 注 意 事 項 ───

A　この試験の問題用紙は10ページです。問題用紙の他に解答シートが1枚あります。
　　試験開始後すぐに、ページ数と解答シートがあるか確認してください。
　　※不足や違いがあるときは試験官にお知らせください。
B　解答は、全て別紙の解答シートに記入してください。
C　問題に関する質問は一切受け付けません。
D　不正行為があったときは、すべての解答が無効になります。
E　その他、試験官の指示に従ってください。

─── 解答シート（別紙）記入方法 ───

1. 「受検地」「試験会場」を記入してください。
2. 「受検番号」を記入してください。
3. 「氏名」を漢字で記入し、カタカナで読み仮名を記入してください。
4. 「年齢」「性別」「職業」を記入してください。

受検番号	氏　名

ＮＰＯ法人　日本サービスマナー協会

1. 接客マナーについて、適切なものには○を、適切でないものには×をつけなさい。

(1) お客様へのお辞儀は言葉を言い切ってから身体を傾ける分離礼（語先後礼）がふさわしく、受付や店内が混み合っている場合でも、同時礼ですませるのは失礼な印象を与える。

(2) お客様に声をかけたが、「見ているだけですので」と素っ気なく言われた場合は、「申し訳ございません」と丁重に謝罪して、離れたところから見守る。

(3) お客様の話を聞く時は、相槌や頷きなどの反応を大きく示すことが重要で、表情や声のトーンをお客様より高いテンションに保ち、身振り手振りを交えながら聞く。

(4) お客様を案内する時は、お客様より2～3歩前を歩き、通路はお客様が真ん中、階段はお客様が手すり側を歩けるよう誘導する。

(5) お客様にペンを渡す時はペンの先端を自分側に向けて両手で持ち、お客様が持ちやすいように少し斜めに倒して差し出す。

2. 贈答マナーについて、以下の問いに答えなさい。

(1) お歳暮について、適切でないものを1つ選びなさい。

(A) のし紙は紅白の蝶結び、熨斗つきが一般的だが、相手が喪中の場合は白無地の奉書紙か、白い短冊に「お歳暮」と記入したものを使用するとよい。

(B) 表書きに会社名と代表者名を入れる場合、会社名は名前の右に小さめの文字で書き添える。

(C) お歳暮を贈る時期は地方によって差があるが、少なくとも12/25までには届くようにし、それを超えた場合は、「年賀」や「寒中見舞い」など時期によって表書きを変更する。

(D) 毎年お歳暮とお中元を贈っていた人に贈るのをやめたい場合、まずはお歳暮をやめてお中元だけ贈るなど、段階を踏むのが望ましい。

(2) 長寿祝いについて、適切でないものを1つ選びなさい。

(A) 長寿祝いで現金を贈る時は、金銀または紅白の蝶結びの水引がついた祝儀袋を使用する。

(B) 米寿は数え年88歳の祝いで、還暦よりも米寿を盛大に祝う地域もある。

(C) 長寿祝いの表書きは「賀寿」、「祝還暦」などが一般的で、お返しは「内祝い」とする。

(D) 喜寿は数え年70歳の祝いで、紫色のものを贈る風習がある。

(3) 基本的にお返しの品を贈る必要がないものとして、適切でないものを1つ選びなさい。

(A) お歳暮　　(B) 災害見舞い　　(C) 香典　　(D) 入学祝い

(4) 新築祝いとして、適切でないものを1つ選びなさい。

(A) 食器　　(B) アロマキャンドル　　(C) 置き時計　　(D) プリザーブドフラワー

(5) 金銭を贈る際のマナーについて、適切でないものを1つ選びなさい。

(A) 同僚が怪我をして入院したので、紅白の結び切りの水引が付いた祝儀袋で見舞金を贈った。

(B) 金封の中袋の表に金額を旧漢字（壱、弐、参…）で記入し、裏に住所・氏名を記入した。

(C) 友人の結婚披露宴出席の際、3万円を結び切りの祝儀袋に入れ、紫色の袱紗に入れて持参した。

(D) 先輩と2名連名で同僚に渡す餞別袋の表書きは、向かって左に先輩、右に自分の名前を記入した。

3. 次のお悔やみ状の傍線部で、適切でないものを(A)〜(H)の中から３つ選びなさい。

（※ 解答シートにはアルファベット順にマークすること）

貴社代表取締役会長〇〇〇〇様のご逝去の報に接し、謹んでお悔やみ申し上げます。(A)

〇〇様には生前ひとかたならぬご支援を賜りながら、(B)ご厚情に報いることもできず(C)返す返すも残念でなりません。(D)

九十一歳までご健康を保たれ、大往生をとげられたとは言え、(E)貴社の皆様の悲しみはいかばかりかと拝察し、今はただ心よりご冥福をお祈りするばかりです。

早速参上し、お悔やみ申し上げるべきところではございますが、よんどころなき事情により(F)かないませんことをお許しください。(G)

まずは略儀ながら、書面にて追悼申し上げます。

敬具(H)

4. 身だしなみについて、適切なものには○を、適切でないものには×をつけなさい。

(1) 身だしなみの3原則は、清潔感、機能性、調和であり、たとえば服飾店であれば、その店のコンセプトや客層に合わせた装いであることも大切である。

(2) Time・Place・Officialの頭文字をとった「TPO」をわきまえた身だしなみを意識する。

(3) スマートフォンで時間を確認できるので、現代では腕時計は必須アイテムではなく、外していたほうが邪魔にならず機能的である。

5. 言葉遣いについて、以下の問いに答えなさい。

(1) お客様への言葉遣いとして、最も適切なものを1つ選びなさい。

　(A) どうぞご遠慮なく、こちらの景品をいただいてください。

　(B) どうぞご遠慮なく、こちらの景品をお持ちになられてください。

　(C) どうぞご遠慮なく、こちらの景品を頂戴なさってください。

　(D) どうぞご遠慮なく、こちらの景品をお受け取りになってください。

(2) 取引先担当者との電話での言葉遣いとして、最も適切なものを1つ選びなさい。

　(A) 明日の11：00に貴社に伺います。

　(B) 明日の11：00に御社に伺います。

　(C) 明日の11：00に貴社に参ります。

　(D) 明日の11：00に御社に参ります。

(3) お詫びの言葉遣いとして、適切でないものを1つ選びなさい。

　(A) ご迷惑をおかけしましたこと、厚くお詫び申し上げます。

　(B) ご足労いただくことになり、大変心苦しく存じます。

　(C) ご不便をおかけして、誠に申し訳ないことでございます。

　(D) あってはならないことで、お詫びの言葉もございません。

(4) 病院スタッフの言葉遣いとして、最も適切なものを1つ選びなさい。

　(A) 保健証をお持ちでしたら、お預かりいたします。

　(B) 本日は内科の受診をご希望ということでよろしかったでしょうか。

　(C) こちらが診察券になりますので、裏側にお名前のご記入をお願いします。

　(D) こちらのファイルをお持ちになられて、あちらのお席でお待ちいただけますか。

(5) お客様への言葉遣いとして、適切でないものを1つ選びなさい。

　(A) お手数ですが、弊社にご送付くださいますようお願い申し上げます。

　(B) お手数ですが、弊社にご郵送くださいますようお願いいたします。

　(C) お手数ですが、弊社にお送りいただけますようお願いいたします。

　(D) お手数ですが、弊社に拝送いただけますようお願い申し上げます。

6. ビジネスマナーについて、以下の問いに答えなさい。

(1) 応接室でのお茶出しのマナーについて、適切なものを 1 つ選びなさい。
　(A) 入室したら、胸の正面にお盆をまっすぐ構えた状態で「失礼します」と言って、会釈をする。
　(B) 無言ではなく「どうぞ」などの声を添えて、お客様→自社担当者の順で、その人の左手側にお茶を出す。
　(C) 机に書類が広がっていてお茶を出す場所がない時は、自社の担当者に「どちらにお出ししましょうか」と声をかける。
　(D) お盆は湯のみを下げる時に使用するのでサイドテーブルに置いておき、「失礼します」と丁寧にお辞儀をして静かに退出する。

(2) 名刺交換のマナーについて、適切なものを 1 つ選びなさい。
　(A) 名刺は訪問した側から差し出し、応接室で交換する場合は、相手が着席する場所の正面に立ち、テーブル越しに交換する。
　(B) 受け取った直後に名刺をじっくり見るのは失礼なので、その場では名前の確認だけおこない、自社に戻ってから裏面なども確認し、名刺の隅に面談日を記入しておく。
　(C) あらかじめ複数人数と交換することがわかっている場合は、応接室で待機している時に人数分の名刺を出し、文字を相手の向きにして名刺入れの間にはさんでおくとスマートに交換できる。
　(D) 上司と 2 人で取引先を訪問し、取引先の部長と課長の 2 名対 2 名で名刺交換をおこなう場合、上司と取引先部長が交換をしている間に、自分と取引先課長が交換をおこない、その後交替して交換するのがスムーズである。

(3) 電話応対のマナーについて、適切でないものを 1 つ選びなさい。
　(A) 相手の声が小さくて聞き取れない場合、「申し訳ございませんが、お電話が少々遠いようでございます。もう一度お願いできますか」と依頼する。
　(B) 相手が早口で聞き取れない場合、こちらはわざと少しゆっくり目の口調で「恐れ入りますが、もう一度お名前を伺ってもよろしいでしょうか」と依頼する。
　(C) 名字しか名乗らない相手にフルネームを確認したい場合、「〇〇様でございますね。恐れ入りますが、下のお名前もいただけますでしょうか」と名字を復唱のうえ確認する。
　(D) 相手の社名が長くて途中までしか聞き取れない場合、「恐れ入りますが、サンエーテクノ…の後をもう一度教えていただけますか」と聞き取れた部分は復唱して続きを確認する。

(4) 電話・メール・文書・チャットの比較について、適切でないものを 1 つ選びなさい。
　(A) メールは複数の人に同時送信でき、最も速く確実に伝えられるが、感情が伝わりにくい。
　(B) 電話はメールと比較して感情が伝わりやすいが、コストがかかり、保存性が低い。
　(C) チャットは素早くチーム内で情報共有できるが、会話形式で気軽にコミュニケーションが取れるので話題が分散しがちで、メッセージ量が増えると情報を探しにくい。
　(D) 文書は即時性が低いが、最も丁寧さを伝えることができ、保存性が高い。

(5) 忙しい上司に報告をする時のポイントについて、適切でないものを1つ選びなさい。
- (A) まず、「お忙しいところ失礼します。○○の件でご報告があるのですが、お時間5分程度よろしいでしょうか」と、上司の都合を尋ねる。
- (B) 口頭の報告だけにこだわらず、複雑な内容はメモやメールにまとめるなど、上司が内容を把握しやすいように工夫する。
- (C) 複数の案件について報告事項がある場合、新しい内容の案件から報告する。
- (D) 結論から先に伝え、理由や経過は後から伝える。

7. ビジネスマナーに関する説明で、（　　）に当てはまる数字を書きなさい。
- ・お辞儀の種類のうち、最敬礼は、身体の傾きが（　(1)　）度のお辞儀を指す。
- ・敬語の種類は、もともと「尊敬語」「謙譲語」「丁寧語」の3分類であったが、2007年の「敬語の指針」の中で、（　(2)　）分類に変更された。
- ・オフィスにかかってきた電話は（　(3)　）コール以内で出るのが望ましい。
- ・相手のオフィスに訪問する際は、約束時間の（　(4)　）分前に受付に名乗り出るのが最適である。
- ・応接室に入る時はノックを（　(5)　）回おこなうのが一般的である。

8. 以下の説明に合う嫌い箸（マナー違反とされる箸のつかい方）を、(A)～(H)の中から選びなさい。
- (1) 箸を持ったまま食べ物の上をあちこちと動かす。
- (2) いったん箸をつけたのに、取り上げずに箸を引く。
- (3) 不揃いの箸で食べる。
- (4) 箸でつまんだ食べ物の汁をたらしながら皿や口に運ぶこと。
- (5) 箸を皿や椀の上に置く。

(A) 渡し箸	(B) 拾い箸	(C) 迷い箸	(D) 竹木箸
(E) 移し箸	(F) 涙箸	(G) もぎ箸	(H) 空箸

9.　Aは携帯電話販売店のスタッフである。スマートフォンの調子が悪いので機種変更をしたいと言う男性客が、奥様と一緒に初来店した。Aの応対として、適切でないものを1つ選びなさい。
- (A) スマートフォンの調子が悪いことについて簡単に状況を聞き、ご不便をおかけしていることをお詫びした。
- (B) スマートフォンの用途として YouTube を頻繁に見るということだったので、どのようなコンテンツをよく見るのか詳しく聞いて話題を広げた。
- (C) 奥様が他社のスマートフォンを使用しているとのことだったので、あえて別会社で契約しているのは何か理由があるのかを確認した。
- (D) 今日は決めきれないと言うお客様に、人気機種なので取り置きを勧めて次回来店予約を取ったうえで、予約日の前日に念のため確認の電話を入れても差し支えないか尋ねた。

10. Aはホテルの宴会スタッフ1年目である。宴会場でおこなっている手品ショーイベントの休憩時間中、席を立ったお客様に呼び止められ、「同じ円卓の親子連れが、マスクを外して大きな声で会話をしているので不快だ。注意してほしい。このままでは後半のショーも楽しめるか不安だ」と言われた。Aの応対として、適切でないものを1つ選びなさい。

(A) 「せっかくお越しくださったのに、申し訳ございません。会話の際はマスクをつけていただくようご協力をお願いしてまいります。ご協力いただけると存じますが、もし、ご不安がありましたら別のお席にご案内も可能です。いかがいたしましょうか」と謝罪と提案をおこなった。

(B) 「こちらが気付くべきでしたのに、ご不快な思いをさせてしまい誠に申し訳ございません。すぐにマスクを外しての会話は控えていただくようお伝えします」と謝罪し、休憩後もその席の様子に気を配った。

(C) 親子連れに注意したことをお客様に報告したが、「今後は子どもを出入り禁止にすべき」と言われたので、「私どもの注意不足で申し訳ございません。お子様にも楽しんでいただける内容ですので年齢制限は設けておりません。皆様に楽しんでいただけるよう努めます」と説明した。

(D) 親子連れに注意したことをお客様に報告したが、「こんなショーは中止しろ！」と大声で怒鳴られたので、「ご迷惑をおかけして誠に申し訳ございません。どうか大きなお声はご容赦願います」と、その場で丁寧な謝罪を繰り返した。

11. 内科医院の受付スタッフAが患者様に伝えた言葉のうち、適切でないものを1つ選びなさい。

(A) 電車が遅れて予約時間に間に合わなかった患者様に、「大変でしたね。お疲れではないですか。予約が前後して申し訳ございませんが、現在診察中の方の後に入っていただきますので、しばらくおかけになってお待ちいただけますか」

(B) 「いつも混雑しているけど、すいている時間帯はありますか」と尋ねた患者様に、「いつもお待たせして申し訳ございません。水曜日の午前中が比較的すいていますが、お越しになれそうですか」

(C) 「薬を食後に飲むように言われたのですが、食事をしなかった時も飲んでいいですか」と尋ねた患者様に、「食後というのはお食事の後にという意味です。ご面倒をおかけしますが、その通りにお願いできますか」

(D) 「入浴許可が出ていないのにお風呂に入ってしまった」と言う患者様に、「3日もお風呂に入れないと気持ち悪いですよね。ただ、入浴はお身体に負担がかかりますので、慎重に判断する必要があります。せめて短時間のシャワーができないか、主治医に確認しましょうか」

12. A はクレジットカードのコールセンターに勤務している。こちらが以前案内したはずの内容について、「そんな話は聞いていない」とクレームが入った。A の応対として、適切でないものを 1 つ選びなさい。

(A) 第一声は明るくやや高めのトーンで名乗ったが、話の内容がクレームだとわかった時点でトーンを下げ、深刻に受け止めていることが伝わるように、感情をこめて相槌を打った。

(B) お客様が興奮して一気にまくしたてる話し方だったので、相槌のバリエーションを増やし、「はい」「さようでございましたか」「おっしゃる通りです」や、こまめな復唱を入れるよう努めた。

(C) こちらは説明したつもりでも、お客様に伝わっていなかった点は責任があるので、「こちらのご案内不足でご迷惑をおかけし、申し訳ございません」と謝罪した。

(D) 状況確認に時間がかかりそうだったので、折り返しの電話を提案した。「○○をお調べしますので」と確認内容を明確に伝え、折り返し電話をするおおよその時間を案内した。

13. ホールスタッフ A が勤務するレストランは、ランチの時間帯に入り大勢のお客様で混み合っている。A の応対として、適切でないものを 1 つ選びなさい。

(A) 店の外で席が空くのを待っているお客様に対して、「お待たせして申し訳ございません。もう少々お待ちください」と声をかけた。

(B) 並んでいるお客様の中に顔見知りの常連客がいたので、「いつもありがとうございます。お待たせして申し訳ございませんが、もう少々お待ちください」と声をかけ、特別扱いすることなくそのまま並んでもらった。

(C) 料理の提供が遅いと言うお客様に対して、「恐れ入りますが大変混み合っておりますので、ご協力をお願いします」と理解を求めた。

(D) 機敏な行動を心がけるが、料理をテーブルに置く時は音をたてないなど、雑な所作にならないよういつも以上に注意を払った。

14. 次の各場面において、（　　　）に入る最も適切なものを1つ選びなさい。

(1) ＜飛行機　ビジネスクラスのサービス＞

お客様：コーヒーをいただけますか。

スタッフ：かしこまりました。ミルクとお砂糖はいかがなさいますか。

Customer: Can I have some coffee, please?

Staff: (　　　), sir. Would you like some milk and sugar?

(A) Approximately　　　(B) OK　　　(C) Certainly　　　(D) All right

(2) ＜アパレルショップにて＞

お客様：この手袋のベージュはありますか。

スタッフ：大変申し訳ございません、ベージュはただいま完売しております。
　　　　　2週間後に入荷の予定でございます。

Customer: Do you have these globes (　　　) beige?

Staff: We're very sorry, but beige is sold (　　　) right now.
　　　　We expect to have them in two weeks.

(A) on / off　　　(B) in / off　　　(C) on / out　　　(D) in / out

(3) ＜スマートフォン売り場にて＞

こちらのモデルは大変人気で、残りわずかでございます。

This model is very popular. There are only (　　　) remaining.

(A) few　　　(B) little　　　(C) a few　　　(D) a little

(4) ＜イベント会場にて＞

お客様：すみません、プレゼンテーション・ルームDはどちらですか。

受付：あちらのエレベーターの向かいにございます。

Customer: Excuse me, where is the presentation room D?

Staff: It's across (　　　) the elevators (　　　) there.

(A) for / over　　　(B) over / from

(C) from / over　　　(D) along / from

(5) 恐れ入りますが、もう一度おっしゃっていただけますでしょうか。

Would you mind (　　　) it again, please?

(A) saying　　　(B) to say　　　(C) repeating　　　(D) to repeat

15. 次の(a)〜(h)の下線部の中から、間違えて使っている英語（カタカナ語を誤ってそのまま使ってしまったため、英語としては通じないもの）を3つ選びなさい。

※ カタカナ語と英語の発音に関する厳密な違いは、問わないものとします。

(a) 最新の<u>カタログ</u>を送っていただけますでしょうか。

Could you please send us the latest <u>catalog</u>?

(b) <u>スタイル</u>がいいので、とてもよくお似合いです。

It looks beautiful on you. You have a nice <u>style</u>.

(c) 来月の<u>シフト</u>はまだ決まっていません。

The <u>shift</u> schedule for the next month has not been fixed yet.

(d) 私は、学生時代、積極的に<u>ボランティア</u>活動に参加しました。

When I was a student, I actively participated in <u>volunteer</u> activities.

(e) お客様の<u>クレーム</u>に対処してもらえますか。

Could you deal with the customer's <u>claim</u>?

(f) この<u>デザイン</u>は上品でおしゃれです。

This <u>design</u> is elegant and classy.

(g) 今年は昨年より多く<u>ボーナス</u>をもらえました。

This year, I got a bigger <u>bonus</u> than last year.

(h) こちらの<u>ピアス</u>は、今セール中です。

These <u>pierces</u> are on sale now.

16. 次の英単語に相当する日本語のカタカナ語を書きなさい。

〈例〉 pen　　解答：ペン

(1) buffet

(2) coupon

(3) motivation

(4) stationery

(5) blouse

-38-

第60回

接客サービスマナー検定　2級

実　施　日：２０２３年５月１４日（日）
試験時間：６０分

─── 注　意　事　項 ───

A　この試験の問題用紙は10ページです。問題用紙の他に解答シートが1枚あります。
　　試験開始後すぐに、ページ数と解答シートがあるか確認してください。
　　※不足や違いがあるときは試験官にお知らせください。
B　解答は、全て別紙の解答シートに記入してください。
C　問題に関する質問は一切受け付けません。
D　不正行為があったときは、すべての解答が無効になります。
E　その他、試験官の指示に従ってください。

─── 解答シート（別紙）記入方法 ───

１．「受検地」「試験会場」を記入してください。
２．「受検番号」を記入してください。
３．「氏名」を漢字で記入し、カタカナで読み仮名を記入してください。
４．「年齢」「性別」「職業」を記入してください。

受検番号	氏　名

ＮＰＯ法人　日本サービスマナー協会

1. 様々なお客様への配慮について、適切なものには〇を、適切でないものには×をつけなさい。
(1) 高齢のお客様で聴力が低下している場合、低音域が特に聞き取りにくいので、やや高めの明るいトーンで、言葉の区切りがわかるよう語尾を強めに、ゆっくり話す。
(2) 高齢で認知機能の低下が見られるお客様に、いきなり正面や横から声をかけると驚かせてしまうので、まず後ろから声をかけた後に正面で顔を見せるとよい。
(3) 子どものお客様には同じ目線の高さになるよう配慮し、赤ちゃん言葉や幼児語は使用せず、丁寧な言葉遣いで話す。
(4) 子どもを連れたお客様が気兼ねなく買い物を楽しめるよう、子ども用にお絵描きスペースを作ったり、手の空いているスタッフは子どもに目を配って声をかけるなどの配慮をする。
(5) 外国人のお客様であっても、国籍や人種による傾向は意識するべきではない。

2. 冠婚葬祭について、以下の問いに答えなさい。
(1) 旧暦の8月の呼称として、適切なものを1つ選びなさい。
　(A) 神無月　　　(B) 葉月　　　(C) 文月　　　(D) 長月

(2) 銀婚式を祝うのは結婚何年目か、適切なものを1つ選びなさい。
　(A) 15年目　　　(B) 20年目　　　(C) 25年目　　　(D) 30年目

(3) 慶弔時の服装について、適切でないものを1つ選びなさい。
　(A) 女性の場合、結婚指輪と一連の真珠なら、通夜や葬儀で身につけてもかまわない。
　(B) 男性の昼の正礼装はタキシードである。
　(C) 女性の昼の正礼装はアフタヌーンドレスである。
　(D) 男性が結婚式に出席する場合、ネクタイは白やシルバーが定番だが、蝶ネクタイでもかまわない。

(4) 「帯祝い」の説明として、適切なものを1つ選びなさい。
　(A) 妊娠5か月目の戌の日に胎児の無事な成長と安産を祈る。
　(B) 生後100日目に初めて赤ちゃんにご飯を食べさせる。
　(C) 初節句の別称で、女の子は桃の節句（3月3日）、男の子は端午の節句（5月5日）のこと。
　(D) 子どもの成長を祝う七五三の行事の別称で、初めて着物や袴を着て神社や寺に詣でる。

(5) 77歳の長寿の祝いの呼称として、適切なものを1つ選びなさい。
　(A) 傘寿　　　(B) 喜寿　　　(C) 白寿　　　(D) 卒寿

3. 次の文書中の下線部で、適切でないものを(A)〜(H)の中から3つ選びなさい。

  (※ 解答シートにはアルファベット順にマークすること)

令和 5年 5月 15日

販売店各位

株式会社ワイズ商事
代表取締役　伊藤　大介

新製品発表会のご案内

拝啓　陽春の候、貴社ますますご清栄のこととお慶び申し上げます。平素は格別の
(A)　　　(B)

お引き立てにあずかり、厚く御礼申し上げます。
　　　　　　　　　　　(C)

　さて、このたび弊社では新製品○○を発表いたします。○○は従来の機種にはない

優れた性能を備えた画期的製品で、自信をもってお客様におすすめできるものです。

　つきましては、一般発表に先立ち、販売店の皆様にご拝覧いただきたく、下記の
　　　　　　　　　　　　　　　　　　　　　　　　　(D)

とおり発表会を開催する運びとなりました。

　ご多忙のところ恐れ入りますが、ぜひご来場賜りますようお願い申し上げます。
　　　　　　　　　　　　　　　　(E)

まずは書状にてご案内申し上げます。
　　　(F)

謹白

記

　日時　令和 5 年 6 月 25 日（日）13：00〜15：00

　場所　マナーホテル１階大ホール
　　　　東京都新宿区○○○○○（ＪＲ新宿駅西口　徒歩５分）

　お問い合わせ先（03）3232−5678　株式会社ワイズ商事

　ご来場の際は、本状をお持ちください。記念品を進呈いたします。
　　　　　　　　　　　　　　　　　　　　　　　　　(G)

以上
(H)

4. ビジネスシーンでの所作について、適切なものには○を、適切でないものには×をつけなさい。

(1) 立つ時の姿勢は、両足のかかとはつけ、つま先はこぶし1つ分くらい開け、両足に均等に体重をかける。

(2) 部屋の入退室や着席する時は、上体を15度傾ける「会釈」をおこなうことが多く、上体を倒した時、足元から2～3メートル先を見る。

(3) 方向を指し示す時は、5本の指を揃えて手のひらを相手に向け、相手と終始目線を合わせたまま、「あちらでございます」などの言葉を添える。

5. 言葉遣いについて、以下の問いに答えなさい。

(1) お客様に同僚の休みを伝える言葉遣いとして、最も適切なものを1つ選びなさい。
　(A) あいにく加藤は本日、お休みでございます。
　(B) あいにく加藤は本日、休みを取っております。
　(C) あいにく加藤は本日、休みを頂戴しております。
　(D) あいにく加藤は本日、お休みをいただいております。

(2) お客様への言葉遣いとして、最も適切なものを1つ選びなさい。
　(A) お客様がお越しくださったこと、上の者に申し上げておきます。
　(B) お客様がお運びくださいましたこと、上の者に申し伝えます。
　(C) お客様がいらっしゃいましたこと、上の者にご報告いたします。
　(D) お客様がお見えになられたこと、上の者に報告いたします。

(3) お客様宅への訪問予定を伝える言葉遣いとして、最も適切なものを1つ選びなさい。
　(A) 明日点検に参りますが、外出されても問題ありません。
　(B) 明日点検に伺いますが、お出かけになられても問題ございません。
　(C) 明日点検に参りますが、出かけられても支障はございません。
　(D) 明日点検に伺いますが、ご在宅でなくても差し支えありません。

(4) お客様への言葉遣いとして、適切でないものを1つ選びなさい。
　(A) 申し訳ございません。あいにく田中はただいま外出しております。
　(B) 大変失礼ですが、本日田中とのお約束を頂戴しておりますか。
　(C) よろしければ同じ部署の松本が代わりにご用件を伺いますが、いかがでしょうか。
　(D) 何か田中にお伝えしたい事はございませんでしょうか。

(5) お客様への言葉遣いとして、最も適切なものを1つ選びなさい。
　(A) 私が伺うことも可能ですが、いかがいたしましょうか。
　(B) お客様、いかがいたしましたか。
　(C) 私は14：00以降いつでも打合せができますが、いかがいたしますか。
　(D) 商品AとBがございますが、どちらにいたしますか。

6. ビジネスマナーについて、以下の問いに答えなさい。

(1) 訪問先でのマナーについて、適切でないものを1つ選びなさい。
  (A) 約束時間の5分前に受付に行き、社名・名前・約束時間・誰と何の約束かを明確に伝えて取次ぎを依頼する。
  (B) 応接室に通されたら、たとえ上座であっても勧められた席に座り、名刺入れを手元に準備して、担当者を待つ。
  (C) 応接室の椅子には浅めに腰をかけ、ノックの音がしたらすぐに立って、入ってくる人を待つ。
  (D) 名刺交換をした後、受け取った名刺は名刺入れの上にのせ、商談中は机の右上に置いておく。

(2) 一般的な席次について、適切でないものを1つ選びなさい。
  (A) 新幹線の3人掛けの椅子では真ん中の席が上座である。
  (B) 応接室では部屋の奥に配置された長ソファが上座である。
  (C) タクシーでは運転席の後ろの席が上座である。
  (D) エレベーターでは操作盤の前が下座で、その後ろが上座である。

(3) 電話応対のマナーについて、適切でないものを1つ選びなさい。
  (A) 電話が鳴ったら利き手と反対の手で受話器を取り、いつもより少し高めの声で、ゆっくりと社名と名前を伝える。
  (B) 名指し人が出張中で数日間不在の場合は、次回出勤予定日を伝え、「次に出勤しましたら、こちらからご連絡するよう申し伝えましょうか」と提案する。
  (C) 会議中の上司に緊急で電話を取り次ぐ場合、口頭での取次ぎは避け、誰から何の用件かをメモに書いて伝える。
  (D) 不在の上司への伝言を聞いたので、伝言メモを上司のデスクに貼り付け、上司が戻った際に口頭でも内容を伝えた。

(4) 携帯電話のマナーについて、適切なものを1つ選びなさい。
  (A) 架電誤りを防ぐため、相手が名乗らずに「はい」だけで電話に出た場合、最初に「○○様の携帯電話でよろしいでしょうか」と確認する。
  (B) 取引先担当者の名刺やメールの署名に会社の代表番号と携帯電話番号の記載があっても、事前に架電先を指定されていない場合は、携帯電話にかけるのは緊急時だけにする。
  (C) 携帯電話にかかってきた電話は極力その場で取るのが望ましく、メモを持っていない状態でもひとまず電話に出て、記憶できるように注意深く聞く。
  (D) 周りの騒音で相手の声が聞き取りづらい時は、こちらの声を大きくして話すと、相手の声も自然と大きくなるので効果的である。

(5) メールのマナーについて、適切でないものを1つ選びなさい。

(A) 取引先の担当者から、CCで先方の上司にも送付するよう依頼された場合、上の立場の方をCCに入れるのは失礼なので、TO欄に担当者と併記して送付する。

(B) 取引先にお詫びのメールを送付する際、報告として自分の上司にも送付する時は、CC欄ではなくBCC欄に上司のアドレスを入れる。

(C) 取引先からのメールで、自分のメールアドレスがTOに入り、CCに取引先関係者と思われるアドレスが入っている場合、基本的に「全員に返信」とする。

(D) 上司からのメールで自分のアドレスがCC欄に入っている場合、基本的に返信不要である。

7. ビジネスでよく使用する略語の正式な言葉を、<u>カタカナ</u>で書きなさい。

(1) キャパ

(2) エスカレ

(3) デフォ

(4) オンスケ

(5) ブレスト

8. 日本料理のマナーについて、（　　　　）にあてはまる最も適切な語句を(A)～(H)の中から選びなさい。

食事の際は懐紙を準備し、口元を隠す時や、食べ残しを隠す時などに使用する。懐紙は食事中、テーブルの （（1)） に置いておく。

和食の場合、大皿や重量のある器以外は、器を手に持って食べて良いが、箸と器を同時に持ち上げるのは （（2)） と呼ばれる誤った作法であり、正しくは （（3)） を先に持った後に （（4)） を持つ。

天ぷらなど揚げ物を食べる場合は、左手でつゆの器を持ち、盛り付けを崩さないように （（5)） から、熱いうちに食べる。海老やイカなど噛みにくい食材を食べる時は懐紙で口元を隠すとよい。

(A) 器	(B) もみおとし	(C) 手前	(D) 下
(E) 上	(F) もろおこし	(G) 箸	(H) 奥

9. ビジネスホテルに勤務するＡは、宿泊サイトに書き込まれた口コミへの返信投稿を担当し、誠意が伝わるよう、すべてのコメントに丁寧に返信を投稿している。「フロントスタッフに誤った内容を案内された。嘘ばかりの案内で、信用できない」という主旨の口コミを受けてスタッフに確認したが、心当たりはなく、書き込まれていた従業員の特徴に合うスタッフもいなかった。この口コミへのＡの対応として、最も適切なものを1つ選びなさい。

(A) 悪意がある可能性があるので、「確認しましたが、そのような事実はございません。大変恐れ入りますが、虚偽の書き込みはお控えいただけますようお願いいたします」と、丁寧な言葉遣いで毅然と対応する。

(B) 悪意がある可能性のある書き込みに反応するとエスカレートする可能性があるので、敢えて返答を書き込まない。

(C) 「そのような事実が確認できませんでした。誤解の可能性もございます。よろしければ、一度直接お電話で詳細をお聞かせいただけませんでしょうか」と、直接交渉に移行する。

(D) お客様に不快な思いをさせていることは事実であり、対抗姿勢を見せるのは印象が悪いため、「ご迷惑をおかけして申し訳ございません。今後再発防止に努めてまいります」と、一般的な謝罪コメントを投稿した。

10. 家電販売店スタッフのＡは、わかりやすい商品説明、親切心の感じられる丁寧な応対を心がけている。夫婦で来店し、パソコンの購入を検討しているお客様から質問を受けた時のＡの応対として、適切でないものを1つ選びなさい。

(A) 夫からの質問だったが、説明する時は二人に均等にアイコンタクトを取りながら話した。

(B) カタログを見た方がわかりやすい内容だったので、お客様の斜め横に立ち、カタログを手のひらで指し示しながら説明した。

(C) お客様の反応をよく見ながら説明を進め、一度説明したことをまた質問されても面倒な様子は決して見せず、一度目の説明と同じ言葉でゆっくりと説明した。

(D) 2つの商品の違いを聞かれた時、全ての性能について説明するのではなく、お客様がパソコンを何の用途で使用するか尋ねたうえで、用途に関連する機能の違いを説明した。

11. 百貨店の婦人服売り場スタッフＡは、お客様への効果的なアプローチを心がけている。Ａの応対のうち、適切でないものを1つ選びなさい。

(A) 試着をしたお客様と話す時は自身の感想や意見を伝えるのは避け、お客様に着心地を尋ね、お客様の感想とニーズを引き出す。

(B) お客様が試着室から出てきたら、まず正しく着こなせているかを確認する。着崩れている場合、「失礼します」と声をかけて、ベストな状態に整える。

(C) 「デザインはかわいいけど、腕が太いから…」と言うお客様には、「最近は袖の細いタイプが多いですよね」と答え、腕をカバーする羽織物などをすすめる。

(D) お客様が来店したらすぐに「いらっしゃいませ」と笑顔で声をかけるが、「何をお探しですか」や「どちらに着ていかれますか」などのアプローチは焦らず、お客様の様子をよく観察してからにする。

12. Aは通販会社のコールセンターで注文受付を担当している。インターネットでの会員登録をおすすめしたところ、「今ちょうどパソコンが手元にあるから説明して」と言われた。簡単な手続きなので、手順を説明して応対を終えようとしたが、お客様はAの説明を「ちょっと待って」と止めながら作業を進めている。高齢でパソコンに不慣れとのことで入力にかなり時間がかかり、会員登録完了には20分以上時間がかかりそうである。入電の多い時間帯で、回線は混み合っている。Aの応対として、最も適切なものを1つ選びなさい。

(A) 現在応対中のお客様を優先すべきなので、他の事務作業をしながら、会員登録が終了するまで応対を続ける。

(B) 「会員登録は急ぎません。パソコンに詳しい方でしたら、すぐに完了します。お客様に大変な思いをさせてしまうのは申し訳ないので、ご家族にご依頼いただけますか」と伝える。

(C) 「いったん電話をお切りになって入力された方がやりやすいかと思います。よろしければ、少し時間をおいてからお電話いたしましょうか」と伺う。

(D) 「申し訳ございません。お客様が登録完了されるまで対応できれば良いのですが、ただいま電話が混みあって、お待ちのお客様がたくさんいらっしゃいます。手順に添って作業を進めていただき、ご不明な点があればあらためてお電話いただけますか」と丁重にお願いする。

13. 高齢者施設に勤務するAが、入居者の家族が面会に訪れた時に心がけていることとして、最も適切なものを1つ選びなさい。

(A) 家族が居室にいる時は、水入らずの時間を邪魔しないよう、定期的な健康観察やチェックは後回しにして、家族が帰ってからおこなうなどの配慮をする。

(B) きめ細かいケアをおこなっていることを家族に見せる必要があるので、いつもより声かけを増やし、ケアも通常より丁寧に時間をかけておこなう。

(C) 家族と話す時は、日用品で不足している物や入居費関連、必要な手続きなどの連絡事項を最初に伝え、必要に応じて利用者の近況を報告するなど、信頼関係を築く努力をする。

(D) 自分では判断できない内容の質問を家族から受けた時は、「念のため、責任者に確認したうえで、お帰りになるまでにお返事いたします。よろしいでしょうか」と、即答を避ける。

14. 次の各場面において、（　　　）に入る最も適切なものを1つ選びなさい。

(1) ＜航空会社への問い合わせ＞

お客様：空港へは出発のどれくらい前に行けばいいですか。

スタッフ：出発の2時間前にはお越しください。

Passenger : How long before the flight (　　　) I get to the airport?

Staff : Please be there at (　　　) two hours before.

(A) should / least　　　(B) should / long　　　(C) may / least　　　(D) may / long

(2) ＜取引先からの電話＞

お客様：営業部の吉田様はいらっしゃいますか。

スタッフ：恐れ入りますが、お電話が遠いようです。もう少し大きな声で話していただけますか。

Customer : Can I speak to Mr. Yoshida in the sales department?

Staff : I'm sorry, sir.　I can hardly hear you.　Would you mind (　　　) a little (　　　)?

(A) speaking / louder　　(B) to speak / lower　　(C) speaking / low　　(D) to speak / loud

(3) 御社の客室乗務員職に応募いたします。

I would like to apply for the cabin crew (　　　) for your company.

(A) duty　　　(B) performance　　　(C) department　　　(D) position

(4) ＜日本食レストランにて＞

お客様：すみません、何を注文すればいいか選ぶのを手伝ってもらえませんか。

　　　　本格的な日本料理ははじめてなんです。

スタッフ：それは、ご来店ありがとうございます。当店のおすすめは天ぷらの盛り合わせです。

Customer : Excuse me, can you please help us to choose what we should try?

　　　　　This is our first time to have authentic Japanese cuisine.

Staff : Oh, thank you for choosing our restaurant. Our (　　　) is the assorted tempura.

(A) recommending　　(B) recommendation　　(C) suggesting　　(D) advise

(5) ＜店舗にて＞

申し訳ございませんが、この店舗ではそのお品物のお取り扱いがございません。

I'm sorry, but we don't (　　　) the item in this shop.

(A) handle　　　(B) deal　　　(C) bring　　　(D) carry

-48-

15. 次の(a)〜(h)の下線部の中から、間違えて使っている英語（カタカナ語を誤ってそのまま使ってしまったため、英語としては通じないもの）を3つ選びなさい。

　　※ カタカナ語と英語の発音に関する厳密な違いは、問わないものとします。

(a) スクランブルエッグとバター<u>トースト</u>をいただけますか。

　　Can I have scrambled egg and <u>toast</u> with butter, please?

(b) 先ほど、<u>メール</u>を拝受しました。

　　I have just received your <u>mail</u>.

(c) <u>レジ袋</u>はご必要でしょうか。1枚5円です。

　　Do you need a <u>regi bag</u>? It is 5 yen each.

(d) 顧客を増やすためには、ひとりひとりのお客様の<u>ニーズ</u>を満たすことがとても重要です。

　　It is very important to meet each customer's <u>needs</u> in order to increase our regular customers.

(e) ピザの<u>デリバリー</u>をお願いしたいのですが。

　　I would like to order some pizza for <u>delivery</u>.

(f) 来月の<u>シフト</u>はまだ決まっていません。

　　The <u>shift</u> schedule for the next month has not been fixed yet.

(g) <u>ノートパソコン</u>（ノートパーソナルコンピューター）を貸してもらえませんか。

　　Can I borrow your <u>note personal computer</u>, please?

(h) 私はこの<u>アジェンダ</u>に従って説明していきます。

　　I will explain following this <u>agenda</u>.

16. 次の英単語に相当する日本語のカタカナ語を書きなさい。

　　〈例〉 image　　解答：イメージ

(1) accessory

(2) renewal

(3) cluster

(4) sausage

(5) engineer

第61回

接客サービスマナー検定　　2級

実施日：２０２３年８月６日（日）
試験時間：６０分

──── 注　意　事　項 ────

A　この試験の問題用紙は10ページです。問題用紙の他に解答シートが1枚あります。
　　試験開始後すぐに、ページ数と解答シートがあるか確認してください。
　　※不足や違いがあるときは試験官にお知らせください。
B　解答は、全て別紙の解答シートに記入してください。
C　問題に関する質問は一切受け付けません。
D　不正行為があったときは、すべての解答が無効になります。
E　その他、試験官の指示に従ってください。

──── 解答シート（別紙）記入方法 ────

１．「受検地」「試験会場」を記入してください。
２．「受検番号」を記入してください。
３．「氏名」を漢字で記入し、カタカナで読み仮名を記入してください。
４．「年齢」「性別」「職業」を記入してください。

受検番号	氏　名

ＮＰＯ法人　日本サービスマナー協会

1. 電話応対について、適切なものには○を、適切でないものには×をつけなさい。

(1) 電話は1コールで出るのが理想的なので、呼び出し音が鳴ったらすぐに受話器を取り、相手と話しながら素早くメモを準備する。

(2) 出張中の上司宛に取引先から電話がかかってきたので、出張中で3日後に出社予定である旨を伝え「次の出勤日に、こちらからご連絡しましょうか」と提案した。

(3) 長い保留はお客様を不安にさせ、コストもかかるので、30秒以上お待たせする場合は、折り返しこちらから電話をするなどの提案をおこなう。

(4) 上司の身内からの電話の場合、「いつも○○部長には大変お世話になっております」などの挨拶をし、本人の近くまで行って伝えたり、メモで伝えるなどの配慮をする。

(5) お客様の留守番電話（携帯電話）にメッセージを残す時は、社名・名前・用件等を簡潔に吹き込む。連絡がほしい場合は、「恐れ入りますが、ご都合の良いお時間にご連絡いただけますでしょうか」と依頼メッセージを残す。

2. 冠婚葬祭のマナーについて、以下の問いに答えなさい。

(1) 弔事の服装として、適切なものを1つ選びなさい。

　(A) 猛暑日だったので、ノースリーブの黒のワンピースを着用し、アクセサリーはつけなかった。

　(B) 上下黒のスーツを着用し、メイクは控えめに、結婚指輪はつけたまま参列した。

　(C) 靴・ストッキング・鞄などの小物類は黒で統一し、二連のパールネックレスを身につけた。

　(D) 雪の降る寒い日だったので、スーツの上に皮革素材の黒いジャケットを着用した。

(2) 旧暦の9月の呼称として、適切なものを1つ選びなさい。

　(A) 長月　　　(B) 神無月　　　(C) 葉月　　　(D) 睦月

(3) 男性の昼の正礼装にあたるドレスコードとして、適切なものを1つ選びなさい。

　(A) 燕尾服　　　(B) タキシード　　　(C) モーニング・コート　　　(D) ディレクターズ・スーツ

(4) 「松の節句」と言われる行事として、適切なものを1つ選びなさい。

　(A) 正月　　　(B) 節分　　　(C) 七夕　　　(D) お盆

(5) 水引の種類と表書きの組み合わせとして、適切でないものを1つ選びなさい。

　(A) 賀寿 － 蝶結び

　(B) 快気内祝い － 蝶結び

　(C) お布施 － 結び切り

　(D) 志 － 結び切り

3. 次のメール文書中の下線部で、適切でないものを(A)〜(H)の中から３つ選びなさい。

　　（※ 解答シートにはアルファベット順にマークすること）

ＸＹＺ電機株式会社

総務部　近藤部長様
　　　　　(A)

いつもお世話になっております。

ＡＢＣマナー商事株式会社の佐藤でございます。
　　　　　　　　　　　　　　(B)

本日はご多用中にもかかわらず、貴重なお時間を取っていただき誠にありがとうございました。
　　　　　　　　　　(C)

ご提案しました新製品「マックス18」の仕様書および見積書は今週中にご送付予定です。
　　　　　　　　　　　　　　　　　　　　　　　　　　　　　　(D)

お手元に届きましたら、ぜひご検討いただけますようお願い申し上げます。
　　　　　　　　　　　　　(E)

ご不明な点がございましたら、あらためてご案内いたしますので

ご遠慮なくご教授くださいませ。
　　　　　　(F)

今後もお役に立てますよう、新サービスのご提案に向けて精一杯努力させていただく所存でございます。
　　　　　　　　　　　　　　　　　　　　　　　　(G)

今後ともよろしくお願いいたします。
　　　　　(H)

ＡＢＣマナー商事株式会社　営業部

佐藤　太郎(サトウ　タロウ)

〒564-9999

大阪府○○市△△ ○-○

TEL：06-9999-9999 (直通)　　06-9999-9999 (代表)

FAX：06-9999-9999

Mail：sato-taro@abcmanner.com

4. 酒席のマナーついて、適切なものには〇を、適切でないものには×をつけなさい。

(1) 取引先から会食（接待）に誘われた時は、スケジュールが空いていれば即答で受け、関係構築に前向きな姿勢を示す。

(2) ビール、日本酒、ワインとも、グラスや盃の7〜8分目を目安に注ぐ。

(3) ワインを注いでもらう時は、グラスを右手に持ち、左手を底に添える。

5. 言葉遣いについて、以下の問いに答えなさい。

(1) 取引先との電話における言葉遣いとして、適切でないものを1つ選びなさい。

(A) A社の〇〇様でいらっしゃいますね。いつもお世話になっております。

(B) 恐れ入りますが、御社名を伺ってもよろしいでしょうか。

(C) 申し訳ございません。あいにく、課長の△△はただいま外出しております。

(D) 〇〇様のご伝言、△△が戻りましたら、必ずお伝えします。

(2) お客様への言葉遣いとして、適切でないものを1つ選びなさい。

(A) コーヒーと紅茶がございます。どちらになさいますか。

(B) コーヒーと紅茶がございます。どちらがよろしいですか。

(C) コーヒーと紅茶がございます。どちらをお持ちしましょうか。

(D) コーヒーと紅茶がございます。どちらにいたしますか。

(3) 患者様への言葉遣いとして、最も適切なものを1つ選びなさい。

(A) 問診票をお書きになり、診察室の前でおすわりになってお待ちいただけますか。

(B) 問診票をお書きになり、診察室の前でおかけになってお待ちいただけますか。

(C) 問診票にご記入いただき、診察室の前でおかけになられてお待ちいただけますか。

(D) 問診票にご記入していただき、診察室の前でおすわりになられてお待ちいただけますか。

(4) お客様への言葉遣いとして、適切でないものを1つ選びなさい。

(A) すでにご存知かもしれませんが、来月より営業時間を変更いたします。

(B) すでにお伝えしているかもしれませんが、来月より営業時間を変更いたします。

(C) すでに伺っていらっしゃるかもしれませんが、来月より営業時間を変更いたします。

(D) すでにお聞き及びのことかもしれませんが、来月より営業時間を変更いたします。

(5) 担当者の休暇をお客様に伝える言葉遣いとして、最も適切なものを1つ選びなさい。

(A) あいにく、山岡は本日お休みでございます。

(B) あいにく、山岡は本日休みを取っております。

(C) あいにく、山岡は本日休みを頂戴しております。

(D) あいにく、山岡は本日お休みをいただいております。

6. ビジネスマナーについて、以下の問いに答えなさい。

(1) お辞儀について、適切なものを1つ選びなさい。
  (A) お詫びの時は上体を約30度倒し、その角度で2〜3秒程度止まってから、ゆっくり身体を上げて深い反省を伝える。
  (B) 部屋の入退室や、椅子をすすめられて着席する時など、すぐに次の動作に移る時の挨拶は、軽く頭を下げる目礼が基本である。
  (C) 職場内の挨拶は、言葉の途中から上体を倒す同時礼をおこなうことも多いが、お辞儀の最初と最後のアイコンタクトは必須である。
  (D) 和室での挨拶は、座布団に座ったままは失礼なので、座布団の下座側に立っておこなう。

(2) 訪問のマナーについて、適切でないものを1つ選びなさい。
  (A) 10分前には訪問先に到着し、約束時間の5分前を目安に受付に名乗り出る。
  (B) 応接室に通されたら、鞄は足元に置く。コートは畳んで鞄の上に置くのが基本だが、おさまらなければ、自分の脇に置いてもよい。
  (C) 名刺の同時交換をおこなう時は、自分の名刺を左手に持って、相手の名刺入れの上にのせ、相手の名刺は、右手に持った名刺入れの上で受け取る。
  (D) 上司と一緒に訪問して応接室から出る時、自分が出入り口に近いところにいても、上司が先に退室できるよう、よけて待つ。

(3) メールのマナーについて、適切でないものを1つ選びなさい。
  (A) 用件が複数ある時は、①、②、③と箇条書きにして、主要な内容に関する件名をつけて送信する。
  (B) 1行は30〜35文字程度を目安に改行し、意味の区切りで適宜1行空白行を入れると読みやすい。
  (C) 携帯電話のメールアドレスに送信する時も、パソコンのアドレスに送信する時と同様、必ず件名をつける。
  (D) 本文の書き出しは「お世話になっております」が定番だが、初めてメールを送る相手には「はじめてメールをお送りします」や「突然メールをお送りする失礼をお許しください」などが適切である。

(4) 社内文書について、適切でないものを1つ選びなさい。
  (A) 報告書…あらかじめ情報を十分に整理し、5W3Hの抜け漏れがないよう作成する。
  (B) 議事録…会議の内容を正確に記録するだけでなく、作成者の所見を入れて作成する。
  (C) 稟議書…社内の関係部署の責任者に回付して承認を求め、最高責任者の決裁をあおぐために作成する。
  (D) 提案書…提案内容だけでなく、意見の裏付けや経費見積書の添付など、説得力を持たせて作成する。

(5) 茶菓の出し方のマナーとして、適切でないものを1つ選びなさい。

(A) 冷たいお茶をグラスで出す際は、先にコースターをテーブルに置いてから、その上にグラスを置く。

(B) 応接室に通したお客様に、「すぐ失礼しますので、おかまいなく」と言われても、いつも通りお茶を出す。

(C) お客様から受け取った手土産を、お客様と上司に出す場合、「お客様から頂戴したお菓子でございます」と案内しながら、上司→お客様の順に出す。

(D) お客様と担当者が名刺交換をしていたら、サイドテーブルでお茶を出す準備をしながら交換が終わるのを待ち、交換後にお茶を1つずつ出していく。

7. 略語の正式な言葉を、<u>カタカナ</u>で書きなさい。
(1) ギャラ
(2) ワンオペ
(3) モラハラ
(4) サブスク
(5) コピペ

8. 和食のマナー違反の説明について、最も適切な語句を(A)～(H)の中から選びなさい。
(1) 右側にある器を左手で取ったり、左側のものを右手で取とること。
(2) 大皿から取った料理を直接口にはこぶこと。
(3) 箸と器を同時に持ち上げること。
(4) 料理を食べる際、汁などが落ちないよう手を添えながら食べること。
(5) 同じ料理ばかり続けて食べること。

(A) 膳越し	(B) もろおこし	(C) 重ね箸	(D) 犬食い
(E) 手皿	(F) もぎ箸	(G) 返し箸	(H) そで越し

9. デパートのインフォメーションスタッフ A は、同僚が昼休憩のため 1 人で業務をおこなっていた。お客様応対中に、電話が鳴りだした。同時に、顔なじみのお得意様がカウンターの方へ歩いてくるのが見えた。A の応対として、最も適切なものを 1 つ選びなさい。

(A) まずは応対中のお客様に一言お詫びを伝えて電話に出る。電話が終わったら、応対中だったお客様の接客に戻る。顔なじみのお得意様にはひとまず気付かないふりをして接客を続ける。

(B) 応対中のお客様を優先して接客を続けながら、顔なじみのお得意様にも「いらっしゃいませ。こんにちは」と率先して声をかける。電話は、応対後に間に合えば「大変お待たせいたしました」と言葉を添えて出る。

(C) 応対中のお客様を優先して接客を続ける。電話は、応対後に間に合えば「大変お待たせいたしました」と言葉を添えて出る。顔なじみのお得意様へはアイコンタクトで応対する。

(D) まずは応対中のお客様に一言お詫びを伝えて電話に出る。その後、顔なじみのお得意様に挨拶し、応対中だったお客様に「大変長らくお待たせいたしました」と再度詫びてから接客に戻る。

10. タクシードライバー A のお客様応対として、適切でないものを 1 つ選びなさい。

(A) 第一印象が重要なので、「お待たせいたしました。どうぞ」と笑顔で声をかけ、行き先を言われたら、「はい、わかりました」と明るく返答して安心感を与える。

(B) 「〇時までに到着したい」と言われたら、「混雑する道を避けて、なるべく急ぎます。ただ、信号待ちや混雑状況により、お約束はいたしかねます。よろしいでしょうか」と丁寧に確認する。

(C) 自分から積極的に話題を提供するよりも、「車内の温度はいかがですか」「〜の道順で向かいますが、よろしいですか」など、気遣いや確認の言葉がけでコミュニケーションを取る。

(D) 会計時は、「〇円でございます」「〇円お預かりいたします」「〇円のお返しと、領収書でございます」と明確に確認をおこなう。

11. 携帯電話販売ショップのスタッフ A は、店長から「君の接客は控え目な印象だから、もう少し自分の気持ちを表現したり、店や自分をアピールしてはどうか」と指導を受けた。A が実践したこととして、適切でないものを 1 つ選びなさい。

(A) 「〇〇様のニーズに合う商品が見つかって私も嬉しいです」や「〇〇様のお役に立つことができ、私も嬉しいです」と、お客様の名前を入れて自分の喜びを積極的に伝えるようにした。

(B) 「こちらは当店だけのサービスです」や「お客様が喜ばれる顔を想像しながら企画したオリジナルキャンペーンです」と、自店オリジナルのアピールポイントを積極的に伝えるようにした。

(C) 「B 店様はアフターサービスが悪いと聞きましたが、私どもはそのようなことはありません」や「C 店様は在庫切れが多いですね」と、ライバル店と比較して自店の優れている点を積極的に伝えるようにした。

(D) 「ご不明な点があれば、いつでもお気軽にお越しくださいませ。私、〇〇がお待ちしております」「私、〇〇がたしかに承りました」と積極的に自分の名前を伝えるようにした。

12. 病院のリハビリ部門に勤務する理学療法士のＡが、患者様と接する際に心がけていることとして、適切でないものを１つ選びなさい。

(A) 家族と接するように打ち解けて話をしてくる患者様に対しても、医療従事者としての線引きを意識し、言葉遣いや態度は丁寧さを崩さない。

(B) 患者様の中には、プライドや遠慮から自分の状態を伝えられない人もいるので、無理をしていないか表情から察し、「そろそろ休憩しましょうか」など随時声かけをおこなう。

(C) リハビリに意欲的でない患者様にはやみくもに励ますのではなく、意欲的になれない原因を引き出したり、目標を見つける手伝いをしたり、患者様に寄り添って対応する。

(D) 医師や看護師に比べて身近で相談しやすい存在と思われることが多いので、病状・投薬・入院期間などを相談された場合は、自分なりの見解を伝えて患者様を安心させる。

13. レストランのホールスタッフＡは、お客様から「デザートにゴムべらの破片のようなものがついている」とクレームを受けた。Ａがお客様に伝えた言葉として、最も適切なものを１つ選びなさい。

(A) お出しする前に確認をしたつもりでしたが、ご不快な思いをさせてしまい誠に申し訳ございません。すぐに新しいデザートをお持ちします。厨房のスタッフにも厳しく指導いたします。

(B) こちらの不手際で誠に申し訳ございません。お口に入れられる前で良かったです。すぐに新しいデザートにお取替えします。

(C) ご指摘くださりありがとうございます。すぐにお取替えし、原因を確認します。デザートの料金はいただきませんのでご安心ください。

(D) せっかくの楽しいお食事ですのに、ご気分を害することになり申し訳ございません。すぐに新しいデザートをお持ちします。また、なぜこのような物がついたのか、厨房に確認いたします。

14. 次の各場面において、( )に入る最も適切なものを1つ選びなさい。

(1) ＜オフィスにて＞
　　A: 営業部の新しいリーダーは誰ですか。
　　B: 山川さんが担当します。
　　A: Who will be the new leader of the sales department?
　　B: Mr. Yamakawa will be in (　　　) it.

　　(A) charge of　　(B) responsible of　　(C) charge for　　(D) responsible for

(2) ＜スーパーマーケットのレジにて＞
　　お客様：すみません、レジ袋をいただけますか。
　　スタッフ：かしこまりました。Sサイズは5円で、Lサイズは10円でございます。
　　Customer: Excuse me, can I have a (　　　) bag?
　　Staff: Certainly. Small bags are 5 yen and large bags are 10 yen.

　　(A) economical　　(B) vinyl　　(C) plastic　　(D) register

(3) ＜ホテルの予約電話にて＞
　　その日はお部屋の空きがございます。
　　We have a (　　　) on that day.

　　(A) available　　(B) vacant　　(C) unoccupied　　(D) vacancy

(4) ＜はじめて回転寿司店を訪れた外国人客にシステムを説明する＞
　　この回転しているベルトコンベヤから寿司を選ぶことができます。
　　寿司はお皿ごと取るのがルールで、お皿の色によって、値段が変わります。
　　You can pick sushi from this circling conveyor belt.
　　You have to take the Sushi (　　　) plate, and the price changes (　　　) the plate color.

　　(A) on / depending on　　　　(B) by / instead of
　　(C) on / instead of　　　　　(D) by / depending on

(5) ご理解いただき感謝申し上げます。
　　I really (　　　) your kind understanding.

　　(A) apologize　　(B) appreciate　　(C) cooperate　　(D) consider

15. 次の(a)〜(h)の下線部の中から、カタカナ語と英語が一致しない間違い英語（カタカナ語をそのまま英語として使っても通じないもの）を3つ選びなさい。

※ カタカナ語と英語の微妙な発音の違いは、許容範囲とします。

〈例〉毎日、朝食にパンを食べます。

I eat pan for breakfast every day.

解説：「パン」は英語で "bread" なので、カタカナ語と英語が一致しない。

"pan" を食べ物の「パン」の意味で英語として使うことはできない。

(a) ＜健康診断でのアドバイス＞ 毎朝ストレッチをするといいですよ。

You should do stretches every morning.

(b) ＜レストランの入口にて＞ よろしければ、ベビーカー（乳母車）をこちらでお預かりします。

If you'd like, we'll keep your baby car for you here.

(c) ＜店舗にて＞申し訳ございませんが、こちらのクーポンは期限が切れております。

I'm sorry, but this coupon is expired.

(d) ＜レストランにて＞ 食べ物のアレルギーはございませんか。

Do you have any food allergies?

(e) 私は、焼肉屋でホールスタッフとして働いています。

I am working as a hall staff at a barbecue restaurant.

(f) 来月、ボーナスをもらえます。

We are going to get a bonus next month.

(g) 睡眠はストレスを解消するためのいちばんいい方法です。

Sleeping is the best way to get rid of stress.

(h) お客様のクレームに対処しなければなりません。

I have to deal with a customer's claim.

16. 次の英単語に相当する日本語のカタカナ語を書きなさい。

〈例〉image　解答：イメージ

(1) herb

(2) helmet

(3) routine

(4) gender

(5) cocktail

第62回

接客サービスマナー検定　2級

実施日：2023年11月5日（日）
試験時間：60分

注 意 事 項

A　この試験の問題用紙は10ページです。問題用紙の他に解答シートが1枚あります。
　　試験開始後すぐに、ページ数と解答シートがあるか確認してください。
　　※不足や違いがあるときは試験官にお知らせください。

B　解答は、全て別紙の解答シートに記入してください。

C　問題に関する質問は一切受け付けません。

D　不正行為があったときは、すべての解答が無効になります。

E　その他、試験官の指示に従ってください。

解答シート（別紙）記入方法

1．「受検地」「試験会場」を記入してください。

2．「受検番号」を記入してください。

3．「氏名」を漢字で記入し、カタカナで読み仮名を記入してください。

4．「年齢」「性別」「職業」を記入してください。

受検番号	氏 名

NPO法人 日本サービスマナー協会

1. 宴席でのテーブルマナーについて、適切なものには○を、適切でないものには×をつけなさい。
(1) 立食パーティーで会場内を移動する際は、右手にグラス、左手に皿を持って歩き、参加者と積極的にコミュニケーションを図る。
(2) 宴席で出される一般的な会席料理は、江戸時代の酒宴料理が起源だが、ご飯や汁物が出された後はお酒の追加注文はしない。
(3) 割り箸は膝の上で上下に割り、ささくれがあれば指で取る。
(4) 中華料理のコース料理で、ターンテーブルに大皿料理が置かれたら、目下の者が取り皿に全員分を取り分ける。この時、大皿に料理を少し残しておき、おかわりは各自で取る。
(5) 結婚式の乾杯では、自分の右側に置かれたグラスを持ち、椅子の左側に立つ。

2. 冠婚葬祭のマナーについて、以下の問いに答えなさい。
(1) 同僚の結婚式で現金を贈る際のマナーとして、適切なものを1つ選びなさい。
  (A) 祝儀袋はなるべく大きめで豪華な飾りがついたものを選び、新札を入れた。
  (B) 紅白または金銀の水引で、蝶結びの祝儀袋を用意した。
  (C) 祝儀袋の表書きは、薄墨で「結婚祝」と書いた。
  (D) 祝儀袋は袱紗に入れて持参し、受付で渡す直前に袱紗から出した。

(2) 贈り物の表書きの組み合わせとして、適切でないものを1つ選びなさい。
  (A) 上司へのお礼：献上   (B) 病気見舞いのお返し：快気祝い
  (C) 目下の人へのお礼：寸志   (D) イベント参加者に粗品を渡す：進呈

(3) 喪中欠礼の挨拶（喪中はがき）について、適切でないものを1つ選びなさい。
  (A) 遅くとも12月初旬までに届くように手配し、誰がいつ亡くなったかを明記する。
  (B) 葬儀等でお世話になった方にはそのお礼を書き添えても良い。
  (C) 時候の挨拶は不要で、一般的に句読点は使用しない。
  (D) 喪中はがきを出すのが遅れ、年賀状を受け取った場合は、三が日を過ぎてから早急に寒中見舞いを出す。

(4) 77歳の長寿の祝いの呼称として、適切なものを1つ選びなさい。
  (A) 傘寿   (B) 喜寿   (C) 白寿   (D) 卒寿

(5) 基本的にお返しの品を贈る必要がないものとして、適切でないものを1つ選びなさい。
  (A) お歳暮   (B) 災害見舞い   (C) 香典   (D) 入学祝い

3. 次の社外文書中の傍線部で、適切でないものを(A)〜(H)の中から3つ選びなさい。

（※ 解答シートにはアルファベット順にマークすること）

拝啓　秋涼の候、皆様におかれましてはますますご清栄のこととお喜び申し上げます。(A)　(B)

さて　私儀、十二月一日をもちまして、名古屋支店に赴任いたすこととなりました。(C)

大阪支店在任中は公私にわたり格別のご厚情を賜り、誠にありがたく、深く御礼申し上げます。(D)　(E)

現在の世情を受け、我社を取り巻く経済情勢も厳しいものがございますが(F)

微力ながら、新任務に精励いたす所存でございます。(G)

何とぞ変わらぬご指導ご鞭撻を賜りますよう、お願い申し上げます。(H)

まずは略儀ながら御礼かたがたご挨拶申し上げます。

敬具

令和五年　十一月

株式会社ＡＢＣマナー

山田　一郎

-64-

4. 社外メールについて、適切なものには○を、適切でないものには×をつけなさい。
(1) 件名だけで用件をイメージできるように、日付や固有名詞などを入れた件名をつけるとよい。
(2) 返信の際、件名に「Re：」がついたままでは失礼なので、「ご回答：○○の件」など、必ず新しい件名をつけ直す。
(3) メールは簡潔に書くのが基本なので、特に確認事項がない場合は、「承知しました」の一言だけで返信してもよい。

5. 言葉遣いについて、以下の問いに答えなさい。
(1) 取引先との電話における言葉遣いとして、適切でないものを1つ選びなさい。
　(A) 申し訳ございません。お電話が少々遠いようでございます。今一度お名前を伺えますか。
　(B) ○○にお電話をお回ししますので、少々お待ちください。
　(C) あいにく○○は席を外しております。よろしければ、ご伝言を承りましょうか。
　(D) お客様のお電話番号は、〜でよろしいでしょうか。

(2) お客様への言葉遣いとして、適切でないものを1つ選びなさい。
　(A) よろしければ、来週のイベントにいらっしゃいませんか。
　(B) よろしければ、来週のイベントにお越しになられませんか。
　(C) よろしければ、来週のイベントにお見えになりませんか。
　(D) よろしければ、来週のイベントに参加なさいませんか。

(3) 上司への言葉遣いとして、適切でないものを1つ選びなさい。
　(A) お客様にお見せする資料について、1点伺えますでしょうか。
　(B) お客様にご覧に入れる資料について、1点お教え願えますでしょうか。
　(C) お客様にご覧になっていただく資料について、1点お伺いしてもよろしいですか。
　(D) お客様に拝見していただく資料について、1点教えていただけますでしょうか。

(4) お客様への言葉遣いとして、最も適切なものを1つ選びなさい。
　(A) チーズの試食です、どうぞ召し上がってください。
　(B) こちらが弊社のパンフレットになります。
　(C) 素敵なお召し物でいらっしゃいますね。
　(D) ご注文の商品はお揃いになりましたでしょうか。

(5) 取引先担当者への言葉遣いとして、最も適切なものを1つ選びなさい。
　(A) その件は弊社部長の松本から詳細を伺っております。
　(B) その件は弊社部長の松本から詳細をお聞きしております。
　(C) その件は弊社部長の松本から詳細を聞いております。
　(D) その件は弊社部長の松本から詳細を承っております。

6. ビジネスマナーについて、以下の問いに答えなさい。

(1) 電話応対のマナーについて、最も適切なものを1つ選びなさい。

  (A) 不在の名指し人への伝言を依頼されたら、内容を復唱して「私○○が承りました」と必ず名乗る。メモは名指し人の机などの目立つところに貼り、念のため口頭でも伝える。

  (B) 他社訪問で外出中の同僚宛にお客様から急ぎの電話があったら、「大変恐れ入りますが、一度○○の携帯あてに直接お電話をお願いできますか」と依頼し、社用携帯の番号を伝える。

  (C) 長期出張中の上司宛に取引先から電話があったら、「次に出社するのは1週間後の○月○日の予定です。出社しましたらお電話いたしましょうか」と提案する。

  (D) 外出中の上司宛に営業目的と思われる電話があったら、「○○は不在です。失礼します」とだけ回答し、こちらからすぐに切る。

(2) 訪問のマナーについて、適切でないものを1つ選びなさい。

  (A) コートは建物に入る前に脱ぎ、裏地を表側にしてたたみ、鞄の上に納めるか、腕にかけて受付に行く。

  (B) 取引先担当者に上司を紹介する場合、上司であっても社内の人間であれば敬称をつけずに紹介し、上司が複数いる場合は役職が高い順に紹介する。

  (C) 辞去するタイミングは、訪問先の担当者が「それではそろそろ…」と切り出すのを待ち、名刺を名刺入れにおさめ、丁寧に御礼の挨拶をおこなう。

  (D) お客様の自宅に上がる際は、靴は前向きのまま脱いで上がり、その後靴先を玄関口に向けて揃え直す。

(3) 受付での来客応対のマナーについて、適切でないものを1つ選びなさい。

  (A) お客様に気付いたらすぐに立ち上がり、笑顔で「いらっしゃいませ」と挨拶をする。

  (B) 受付は先着順が基本であり、大事なお客様であっても先回しにはせず、順番に応対をおこなう。

  (C) アポイントメントがなくても大切なお客様の場合もあるので、自己判断せず必ず担当者に確認する。

  (D) 応接室に案内するよう担当者から事前に指示されている場合は、「お待ちしておりました。応接室にご案内します」と声をかけ、お客様と並んで歩いて案内する。

(4) 席次について、適切でないものを1つ選びなさい。

  (A) 上司と2人で新幹線に乗車する時は上司に窓際の席をすすめるが、上司が通路側の席を好む場合は、「では、私が奥に失礼します」とことわって自分が窓際に座る。

  (B) 事務室の一角に応接コーナーがある場合、たとえ出入口側であっても、事務スペースより遠い席をお客様にすすめる。

  (C) 和室では、床の間の掛け軸や壺がよく見えるよう、向かいに床の間が見える席をお客様にすすめる。

  (D) タクシーの助手席は道案内や料金支払いの役割があるので、お客様にすすめない。

(5) 報告・連絡・相談について、適切でないものを1つ選びなさい。
- (A) 急ぎの報告の場合、上司が忙しそうだからと遠慮せず、「お忙しいところ恐れ入ります。～の件で急ぎの報告があるのですが、5分ほどお時間よろしいでしょうか」と、声をかける。
- (B) 連絡は関係者全員に漏れなく伝えることが重要で、伝言ではなく、極力自分で伝えるようにする。
- (C) 上司から指示を受けた仕事について、指示よりも効率の良い方法を思いついた場合、ひとまず今回は指示通りにおこない、身近な先輩に相談のうえ、上司に進言してもらう。
- (D) 急ぎの報告やごく簡単な内容の報告は口頭でおこない、内容が複雑な報告は、口頭で結論のみ伝え、詳細は文書にまとめてメールするなど、報告手段を使い分ける。

7. 次の説明にあてはまる言葉を、<u>カタカナ</u>で書きなさい。（○は文字数）
　　※ 拗音（小さい文字。例：ュ）や長音符（ー）が入ることもあります。
(1) プ○○○○○ブランド…販売業者が独自に商標をつけて販売すること
(2) ア○○○ショップ…新しい消費動向を探る目的などで設置する店
(3) ○○バウンド…外国人が日本を訪れる旅行
(4) ウェ○○○…インターネット上でおこなわれる動画のオンラインセミナー
(5) アウト○○○○○…自社内でおこなっていた仕事を外部業者に一括して委託する経営手法

8. 次の文章の（　　）に当てはまる最も適切な語句を、(A)～(H)の中から選びなさい。
　　来客応対は丁寧に、お越しくださったことへの感謝を表現することが大切です。
　　お客様を迎える挨拶は一般的に体を（（1)）度傾ける敬礼でおこないます。
　　お客様に出すお茶は、美味しく召し上がっていただける温度でいれます。一般的に、玉露は（（2)）度程度、玄米茶は95度程度のお湯を使用すると、それぞれのお茶の良い部分を引き出せると言われています。
　　お茶とお茶菓子を同時に出す時は、まずお茶菓子をお客様から見て（（3)）側に出し、その後にお茶を（（4)）側に出します。
　　お見送りのお辞儀は感謝の気持ちを込めて（（5)）度の最敬礼でおこなうと丁寧です。

(A) 30	(B) 45	(C) 80	(D) 60
(E) 15	(F) 70	(G) 左	(H) 右

9. 百貨店の贈答品売り場担当スタッフＡは、年配のお客様への気遣いを大切にしている。Ａの応対の うち、適切でないものを１つ選びなさい。

(A) 孫の結婚祝いを選んでいたお客様から「若い人の好みがわからないから、お任せで」と言われたの で、「心のこもった物でしたら世代関係なく嬉しいものですよ」と伝えて、せっかくの記念なので お客様自身で選ぶよう勧めた。

(B) お客様が宅配の送り状を書くのに手間取っていたので、「よろしければ代わりに記入しましょう か」と代筆し、最後はお客様に送り状の内容を確認してもらった。

(C) 財布からお金を出すのに時間がかかっていたので、「ゆっくりでかまいません。お手伝いすること があればおっしゃってください」と声をかけた。

(D) 孫の結婚祝いを購入したお客様が、嬉しそうに孫の話を始めたので、ほかに来客がないか気を配り ながら時間の許す限り話を聞いた。

10. Ａが受付を担当している総合病院では、感染症流行に伴い、当面の間、入院患者の面会を禁止する ことに決まった。最近入院した患者の家族から「うちは手術をしたばかりだし、色々不安です。何 とかなりませんか」と言われた時のＡの応対として、適切でないものを１つ選びなさい。

(A) 「手術されたばかりですし、ご不安でいらっしゃいますよね。よろしければ、特に気になられる点 を教えていただけますか」

(B) 「皆さんに規則を守っていただいていますので、例外は認められません。大変恐れ入りますが、ご 理解をお願いできませんか」

(C) 「ご希望に添えず申し訳ございません。ご希望の方にオンライン面会を実施しておりますが、いか がですか。画面越しですが、お顔を見てお話ができれば、少し安心されるのではないでしょうか」

(D) 「面会についてはご希望に添えず心苦しいのですが、もし患者様に差し入れされたい物があれば、 スタッフがお預かりすることも可能です。いつでもおっしゃってください」

11. ホールスタッフＡが勤務するレストランは、ランチの時間帯に入り大勢のお客様で混み合っている。 Ａの応対として、適切でないものを１つ選びなさい。

(A) 店の外で席が空くのを待っているお客様に対して、「お待たせして申し訳ございません。もう少々 お待ちください」と声をかけた。

(B) 並んでいるお客様の中に顔見知りの常連客がいたので、「いつもありがとうございます。お待たせ して申し訳ございませんが、もう少々お待ちください」と声をかけ、特別扱いすることなくその まま並んでもらった。

(C) 料理の提供が遅いと言うお客様に対して、「恐れ入りますが大変混み合っておりますので、ご協力 をお願いします」と理解を求めた。

(D) 機敏な行動を心がけるが、料理をテーブルに置く時は音をたてないなど、雑な所作にならないよう いつも以上に注意を払った。

12. 百貨店の婦人服売り場スタッフ A は、お客様への効果的なアプローチを心がけている。A の応対のうち、適切でないものを 1 つ選びなさい。

(A) 試着をしたお客様と話す時は自身の感想や意見を伝えるのは避け、お客様に着心地を尋ね、お客様の感想とニーズを引き出す。

(B) お客様が試着室から出てきたら、まず正しく着こなせているかを確認する。着崩れている場合、「失礼します」と声をかけて、ベストな状態に整える。

(C) 「デザインはかわいいけど、腕が太いから…」と言うお客様には、「最近は袖の細いタイプが多いですよね」と答え、腕をカバーする羽織物などをすすめる。

(D) お客様が来店したらすぐに「いらっしゃいませ」と笑顔で声をかけるが、「何をお探しですか」や「どちらに着ていかれますか」などのアプローチは焦らず、お客様の様子をよく観察してからにする。

13. ホテルスタッフ A のクレーム電話応対のうち、最も適切なものを 1 つ選びなさい。

(A) クレームだとわかった時点で声のトーンを一段高くし、緊張感を持ってテキパキと応対した。

(B) 正確な情報収集に努め、不明点や矛盾があれば「お客様、大変恐れ入ります。少々よろしいですか」と話を中断してもらい、「それは、〜という意味でよろしいでしょうか」と、その都度お客様に確認して明確にした。

(C) 状況確認後に折り返し連絡するが時間は約束できない旨を伝えると、「30 分以内に電話しろ！」とお客様が激昂したので、「では、結論が出ていない可能性がございますが、30 分以内に、いったん経過をご報告してもよろしいですか」と、妥協案を提示した。

(D) お客様に負担をかけることなく迅速に解決するため、解決策を提示する時は「A と B のどちらがよいか」など複数の解決策からの選択を求めず、「A が最適な方法ですが、いかがでしょうか」と明確に示した。

14. 次の各場面において、（　　　）に入る最も適切なものを 1 つ選びなさい。

(1) 木曜日まで期限を延長することは可能でしょうか。
 Would it be possible to (　　　) the deadline (　　　) Thursday?

 (A) extend / until　　　(B) postpone / by　　　(C) expand / until　　　(D) stretch / by

(2) ＜レストランにて＞
 スタッフ：いらっしゃいませ。何名様でいらっしゃいますか。
 お客様：大人 2 人と子ども 1 人です。
 スタッフ：かしこまりました。よろしければ、お子様用の椅子をご準備いたしましょうか。
 お客様：はい、お願いします。とても助かります。
 Staff: Good evening. How many people are in your party?
 Customer: There are two adults and one child.
 Staff: Thank you. May I (　　　) a highchair for your child?
 Customer: Yes, please. That would be very helpful.

 (A) offer　　　(B) serve　　　(C) need　　　(D) deliver

(3) 御社の営業職に応募いたします。
 I would like to apply for the sales (　　　) for your company.

 (A) department　　　(B) performance　　　(C) duty　　　(D) position

(4) ＜オフィスの電話＞
 クライアント：吉沢様はいらっしゃいますでしょうか。
 社員：少々お待ちください。おつなぎいたします。
 Client : I'd like to speak (　　　) Mr. Yoshizawa, please.
 Employee : Just a moment, please. I'll (　　　) you through.

 (A) up / let　　　　　　(B) to / put
 (C) out / transfer　　　(D) with / connect

(5) ＜店舗にて＞
 申し訳ございませんが、この店舗ではそのお品物のお取り扱いがございません。
 I'm sorry, but we don't (　　　) the item in this shop.

 (A) deal　　　(B) bring　　　(C) carry　　　(D) purchase

15. 次の(a)〜(h)の下線部の中から、カタカナ語と英語が一致しない間違い英語（カタカナ語をそのまま英語として使っても通じないもの）を３つ選びなさい。

※ カタカナ語と英語の微妙な発音の違いは、許容範囲とします。

〈例〉 毎日、朝食にパンを食べます。

I eat pan for breakfast every day.

解説：「パン」は英語で "bread" なので、カタカナ語と英語が一致しない。

"pan" を食べ物の「パン」の意味で英語として使うことはできない。

(a) ただいまより、キャビンアテンダントがお食事のサービスにまいります。

Our cabin attendant will now proceed with the meal service.

(b) 最新のカタログを送っていただけますでしょうか。

Could you please send us the latest catalog?

(c) 日本のインスタントフードは、海外でとても人気があります。

Japanese instant foods are very popular in foreign countries.

(d) 私は、積極的にボランティア活動に参加しています。

I actively participate in volunteer activities.

(e) ＜クレジットカードでのお支払い時＞

こちらにサインをいただけますでしょうか。

Could I have your sign here, please?

(f) 来月のシフトはまだ決まっていません。

The shift schedule for the next month has not been fixed yet.

(g) 新しいスーパーでパートスタッフを募集しています。

The new supermarket is hiring part staff.

(h) サービス向上のため、こちらのアンケートにご協力お願いします。

Please take a moment to fill out this enqueto to improve our service.

16. 次の英単語に相当する日本語のカタカナ語を書きなさい。

〈例〉image 解答：イメージ

(1) series

(2) rehabilitation

(3) knob

(4) incentive

(5) compliance

第５９回

接客サービスマナー検定 1級/準1級

実 施 日：２０２３年２月１２日（日）

試験時間：８０分

───── 注 意 事 項 ─────

A　この試験の問題用紙は10ページです。問題用紙の他に解答シートが1枚あります。

　　試験開始後すぐに、ページ数と解答シートがあるか確認してください。

　　※不足や違いがあるときは試験官にお知らせください。

B　解答は、全て別紙の解答シートに記入してください。

C　問題に関する質問は一切受け付けません。

D　不正行為があったときは、すべての解答が無効になります。

E　その他、試験官の指示に従ってください。

───── 解答シート（別紙）記入方法 ─────

１．「受検地」「試験会場」を記入してください。

２．「受検番号」を記入してください。

３．「氏名」を漢字で記入し、カタカナで読み仮名を記入してください。

４．「年齢」「性別」「職業」を記入してください。

５．「２次試験希望日」は第二希望まで選び、第一希望には［１］を、

　　第二希望には［２］をマークしてください。

受検番号	氏 名

NPO法人 日本サービスマナー協会

1. 電話応対時の音声表現について、適切なものには○を、適切でないものには×をつけなさい。
(1) 電話の場合、声のトーンの高低差があると聞き取りにくいので、抑揚は控え目に、なるべく一定のトーンで話すと伝わりやすい。
(2) 「え〜」「あの〜」などの繋ぎ言葉は、聞き手が理解するための間になったり、唐突な印象を回避する面もあるので多少は問題ないが、頻回になると聞きづらく落ち着きがない印象を与える。
(3) 聞き漏らしや聞き間違いが起こりやすいので、重要事項や複雑な内容は、電話とメールを組み合わせて伝えるのが効果的である。
(4) 強調すべき内容を強調して伝えるための工夫はいくつかあるが、その語句を大きな声で伝えるのが最も有効な方法である。
(5) 電話で早口になってしまう要因の一つとして、相手の反応（表情や頷き）がわかりにくく焦ってしまう点が挙げられるので、目の前に相手がいると想像して話す意識が重要である。

2. 慶事・弔事のマナーについて、適切なものには○を、適切でないものには×をつけなさい。
(1) 慶事に招待されたら、できるだけ早く返事を出すようにし、やむを得ない理由で返事が遅れた場合は、まずは電話でお詫びをして出欠の連絡をする。
(2) 祝賀会の招待状に「平服でお越しください」の文言があれば、カジュアルな普段着で出席するのが一般的である。
(3) 慶事と弔事が重なってしまったら一般的に弔事を優先させるが、身内の不幸でなければ、時間が重ならない限り両方に出席してもかまわない。
(4) 通夜や葬儀に参列する場合は、式が始まる10分前には受付を済ませ、喪主や遺族と目が合っても無理に声をかけずに軽く黙礼する程度でよい。
(5) 葬儀の後に告別式がある場合は引き続き参列し、基本的に出棺まで見届けて退出する。

3. ビジネスマナーについて、以下の問いに答えなさい。
(1) 初めての訪問先でのマナーについて、適切なものを1つ選びなさい。
   (A) 受付がないオフィスで、オフィス入口前に来客用の内線電話も置いていない場合、ドアを3回ノックして応答を待ち、応答がなければ、数回ノックを繰り返す。
   (B) 応接室に通され、担当者が来るまで椅子に座って待つよう案内された場合でも、立ったまま待つのがよい。
   (C) 応接室で担当者が入ってきた時点で名刺入れを手元に用意していると余裕がない印象を与えるので、担当者入室後に素早く取り出せるよう、鞄の外ポケットなどに入れておく。
   (D) 打合せが終わったら決定事項を復唱確認し、時間を割いてもらったことのお礼を伝え、訪問した側が辞去のきっかけを作る。

(2) 名刺交換のマナーについて、適切なものを1つ選びなさい。

(A) 相手から名刺を受け取ったが、自分は名刺を支給されていない場合、「申し訳ございません。本日あいにく名刺を切らしております」と婉曲的に伝える。

(B) 取引先担当者2名と名刺交換をして名刺を机に並べる時、どちらが上席者か不明な時は、先に交換した人の名刺を名刺入れの上に置く。

(C) 名刺交換は初対面時にすぐおこなうのが基本なので、人通りの多い駅で待ち合わせをした場合、周囲の迷惑にならないように配慮しながら、その場で名刺交換をおこなう。

(D) 名刺は重要な個人情報なので捨てたりシュレッダーにかけたりせず、取引がなくなるなどで不要になった名刺も、分類して保管しておく。

(3) 詫び状作成のマナーについて、適切でないものを1つ選びなさい。

(A) 社外に提出する詫び状は謝罪の気持ちを表現するのが一番の目的で、「申し訳ございません」以外に「陳謝いたします」「お詫び申し上げます」など、くどくない程度にお詫びの言葉を重ねてもよい。

(B) 社内に提出する始末書や顛末書は、社外向けの詫び状とは目的が異なり、トラブルやミスの経緯説明と再発防止対策を示す報告書の位置づけなので、謝罪の言葉は必要ない。

(C) 急なトラブルなどを伝える場合、頭語を「急啓」として前文を省いて謝罪文から始め、結語は「草々」や「早々」としてもよい。

(D) 詫び状は責任を認める証明書でもあるので、お客様から提出を求められた場合でも、こちらに非があるかどうか事実関係が不明なまま、安易に提出すべきではない。

4. コミュニケーションについて、以下の問いに答えなさい。

(1) コミュニケーションについての説明で、最も適切なものを1つ選びなさい。

(A) 言語的コミュニケーションは言葉によるコミュニケーションのことであり、会話の際の言葉はもちろん、声のトーンや話すスピードなども含む。

(B) 言語的コミュニケーションは会話上の言葉だけでなく、メールやSNS、文書などの書き言葉も含む。

(C) 非言語的コミュニケーションで、相手に安心感や親近感を与えることはできない。

(D) アサーティブなコミュニケーションを取る時は、非言語的要素が重要で、笑顔でおこなうことが望ましい。

(2) 話し手の思いを聴く「共感的な聴き方」として、最も適切なものを1つ選びなさい。

　　※「同僚のAさんから仕事が遅いと言われて、すごく悔しかった」と言われた時の返答

(A) そのようなことを言われて、とても悔しい思いをされたのですね。

(B) 私も同じような経験がありますので、悔しいお気持ちがわかります。

(C) そうですよね。そのようなことを言われたら、悲しいですよね。

(D) あなたがそのようなことを言われたと聞いて、私も悔しい思いです。

(3) 高齢のお客様や患者様・利用者様とのコミュニケーションについて、適切でないものを1つ選びなさい。

(A) 「もうすぐお昼ですから、そろそろお手洗いに行って、入れ歯をつけてからお食事に行きましょう」など、全体のイメージが描けるような話し方が効果的である。

(B) 高齢になると高音域が聞き取りにくくなる傾向があるので、通常より声のトーンを低めに、ゆっくりと話すのが効果的である。

(C) 安心感を与えるためのスキンシップも大切だが、驚かせないように、なるべくその人の視界に入ってから身体に触れるよう意識する。

(D) 言葉がすぐに出てこない人も多いので、沈黙も会話の一部と捉え、その人のペースに合わせて待つことが重要である。

(4) お客様のニーズを引き出すコミュニケーションについて、最も適切なものを1つ選びなさい。

(A) 自分からたくさん話してくれるが、どうしても話が脱線しがちなお客様には、オープン質問を活用することで話の焦点を絞りながら聞く。

(B) 競合他社に有利な情報でお客様が関心を持ってしまいそうな内容には一切ふれず、あくまでも自社商品のメリット・デメリットを伝えながらニーズを引き出す。

(C) 口数や反応が少なく、自分でもニーズをあまり把握できていないお客様には、クローズ質問を活用して趣向を探りながら聞く。

(D) お客様のニーズを引き出す際は、バーバルコミュニケーションの影響が大きいことを意識し、態度や表情よりも、相槌、共感の言葉、質問を重要視する。

(5) クレーム対応について、最も適切なものを1つ選びなさい。

(A) クレーム対応はスピード解決が最も重要であり、まずはお客様の要望を確認、解決策を伝えることを最優先とし、詳しい状況を聴き取って原因を説明することに時間をかけるべきではない。

(B) クレーム対応は一次対応が何より重要であり、こちらに非がないケースで最初に謝罪してしまうと後々の交渉で不利になるので、安易に初期謝罪をおこなわないよう注意する。

(C) 明らかに常軌を逸した悪質なクレーマーの場合、危機管理としての対応に転換することが重要で、焦って答えを出さずに長期戦を覚悟し、関係機関と連携のうえ組織全体で取り組む。

(D) クレーム対応は緊急性があるので、勤務時間外であれば自宅の電話や携帯で対応するなど、いつでもお客様と連絡が取れる姿勢を示すことが重要である。

5. 言葉遣いについて、以下の問いに答えなさい。

(1) お客様への言葉遣いとして、最も適切なものを1つ選びなさい。

  (A) お送りしたパンフレットは、もう届いていらっしゃいますか。

  (B) お尋ねになりたいことがございましたら、お知らせください。

  (C) ぜひともご検討してくださいませ。

  (D) キャンペーン期間につき、大変お求めやすい価格です。

(2) 社外からの電話応対における言葉遣いとして、適切でないものを1つ選びなさい。

  (A) 総務部の者でしたら、誰にお繋ぎしても差し支えございませんか。

  (B) 田中はあいにく外出中で、本日は戻らない予定でございます。いかがいたしましょうか。

  (C) ご予約を承ります。まず、お客様のお名前をお聞かせいただけますか。

  (D) 担当の者にお繋ぎします。恐れ入りますが、その者に伺っていただけますか。

(3) 取引先に対する言葉遣いとして、最も適切なものを1つ選びなさい。

  (A) 御社の田中社長様のことは、昔からよく存じ上げております。

  (B) 御社の田中社長のことは、昔からよく存じております。

  (C) 御社社長の田中様のことは、昔からよく存じ上げております。

  (D) 御社の田中社長殿のことは、昔からよく存じております。

(4) 誤った言葉遣いの解説内容として、適切でないものを1つ選びなさい。

  (A) 「わたくし的には」…「わたくしとしては」や「個人的には」が適切である。「的」は「論理的」など漢語につくのが一般的である。

  (B) 「ご都合とかいかがですか」…「ご都合はいかがですか」が適切である。「とか」は、例を複数挙げて「パスタとかピザとかを食べたいです」と使用する場合は問題ない。ただし、「〜や、〜など」に比べるとややカジュアルな印象を与える。

  (C) 「こちらが資料になります」…「こちらが資料でございます」が適切である。「〜になります」は変化を表す言葉で、「クッション言葉をつけると丁寧な言い回しになります」などと使用するのが適切である。

  (D) 「幼少の頃からテニスをさせていただいております」…「テニスをしております」が適切である。「させていただく」＋「おります」は二重敬語である。

(5) 文中に2つの尊敬語を適切に使用している例として、最も適切なものを1つ選びなさい。

  (A) 当社にお越しになられましたら、ぜひご覧になってください。

  (B) 今度お目にかかった時は、ぜひお食事をご一緒させてください。

  (C) 引換券をお見せになって商品をお受け取りください。

  (D) どうぞこちらの席にかけて、召し上がってください。

6. 冠婚葬祭について、（　　）に当てはまる数字を書きなさい

・帯祝いとは、妊娠（　(1)　）か月目の戌の日に妊婦が腹帯を巻き、安産を祈る儀式である。

・お食い初めとは、生後（　(2)　）日目におこなわれ、赤ちゃんが一生食べ物に困らないように願う儀式である。

・菖蒲の節句とは5月（　(3)　）日のことである。

・傘寿とは（　(4)　）歳の長寿祝いである。

・銀婚式とは結婚して（　(5)　）周年目の祝いである。

7. ビジネスでよく使用する四字熟語のうち、〇に当てはまる漢字を書きなさい。（全て漢字2文字）

(1)「〇〇砕身」の思いで取り組んだ成果が評価された。

(2) このプロジェクトチームは「〇〇済々」なので非常に期待されている。

(3) 新任地の仕事は重責でありますが「〇〇専心」業務に精進いたします。

(4)「和顔〇〇」のコミュニケーションで、お客様との信頼関係を築きましょう。

(5)「〇〇貫徹」の精神で、諦めず粘り強く取り組んだ結果、大きなプロジェクトを成功させた。

8. 時候の挨拶をまとめた表の（　　）に当てはまる最も適切な語句を、(A)〜(L)の中から選びなさい。

月	漢語調	和語調
2月	（　(1)　）	（　(2)　）
5月	（　(3)　）	（　(4)　）
（(5)）月	秋冷の候	菊の花が香る季節となりました
12月	（　(6)　）	年の瀬も押し詰まってまいりました

(A) 春寒の候　　(B) 寒冷の候　　(C) 厳寒の候　　(D) 早春の候　　(E) 新緑の候

(F) 9月　　　　(G) 10月　　　(H) 11月

(I) 風薫る季節となりました

(J) 新春とは名ばかりの厳しい寒さが続いております

(K) 寒さの中にも春の訪れを感じる今日この頃

(L) 花のたよりも聞かれる今日この頃

9. 次の①～⑨はフランス料理の基本的な構成である。(1)～(5)にあてはまる名称（料理の別称）を、(A)～(G)の中から選びなさい。

① 前菜（　(1)　）　　　　　② スープ全般（ポタージュ）　　　③ パン
④ 魚料理（　(2)　）　　　　⑤ 氷菓子（　(3)　）　　　　　　⑥ 肉料理（ヴィアンド）
⑦ 生野菜・サラダ（　(4)　）　⑧ チーズ（　(5)　）　　　　　　⑨ デザート・コーヒー

(A) レギューム　　　(B) ポワレ　　　(C) オードブル　　　(D) ポワソン　　　(E) カンパーニュ
(F) フロマージュ　　(G) ソルベ

---

10. Aは紳士服店の販売員である。夫婦で来店したお客様で、夫が気に入ったスーツを見つけたが、妻は予算オーバーだと反対している。Aの応対として、適切でないものを1つ選びなさい。
(A) 「ご予算は重要ですよね。よくわかります」と肯定したうえで、「でも、毎日お召しになるのはご主人ですから、ご希望を優先されるべきではないでしょうか」と促した。
(B) 「他店から取り寄せができる商品も含めて、ご予算内でご主人のご希望に合うスーツを探してみます」と伝え、「こちらのスーツで一番気に入っていらっしゃるのはデザインですか」と夫に質問した。
(C) 「ご予算オーバーということですね。こちらの商品はセール対象外ですが、たとえば、ネクタイや靴下などの雑貨をサービスでお付けする特典があればいかがですか」と提案した。
(D) 「たしかにご予算を超えておりますね。実は、こちらのスーツは上質な布地を使用しておりますので、ご家庭で繰り返し洗濯しても今の風合いを長く保ちます。長い目で見れば、お得な商品です」と伝えた。

---

11. Aが受付スタッフとして勤務する歯科医院では、予約のキャンセル（予約日変更も含む）率が高く、治療半ばで通院をやめてしまう患者様も多い。キャンセル率低下のためにAがおこなった応対のうち、適切でないものを1つ選びなさい。
(A) 次の診察を予約したいが、万が一都合が悪くなったら連絡すると言う患者様には、「ご負担でしょうし、ご予定がはっきりしてから、あらためてご連絡をお願いできますか」と丁寧に伝える。
(B) 「次回は○○の治療をおこないます。日にちがあくと感染率が高くなってしまいますので、確実にお越しになれる日をご予約いただけますか」と次回の治療内容を予約受付時にあらためて伝え、治療途中であることを患者様に理解してもらう。
(C) キャンセル率の高い患者様には、「もしご迷惑でなければ前日に予約確認のご連絡を入れることもできますが、いかがいたしましょうか」と確認が必要か患者様の意向を伺う。
(D) 時間通りお越しくださった患者様に「いつもお時間を守ってくださりありがとうございます」と感謝の言葉をかける。

12. Aがホールスタッフとして勤務するレストランでは、食中毒予防の観点から、余った料理の持ち帰りは断る規則がある。お客様から「とても美味しいお料理だったけど、お腹いっぱいになってしまった。残ったデザートを持ち帰りたいから包んでもらえないか」と依頼された時のAの応対として、最も適切なものを1つ選びなさい。

(A) せっかく料理を気に入ってくれたのだから、店のルールを押し付けてお客様の気分を損ねるべきではないと考え、「かしこまりました。すぐにお包みします」と要望に応じる。

(B) 「大変申し訳ございませんが、料理のお持ち帰りは控えていただくようお願いしております。よろしければ、お土産用のクッキーなどをご用意しておりますが、いかがでしょうか」と、デザートの代わりに持ち帰りができる他の商品をすすめる。

(C) すぐに断ってしまうとお客様に不快な思いをさせるかもしれないので、「厨房に確認して参りますのでお待ちいただけますか」とひとまず時間を置き、「大変残念なのですが、やはり無理だと厨房の者が申しております」とお客様への共感姿勢を示してお断りする。

(D) 「お口に合ったようで嬉しいです。ご期待に添えず申し訳ございませんが、食中毒防止の観点から料理のお持ち帰りは控えていただくようお願いしております」と理由を述べてお断りし、次回お越しいただいた時には量を少なめにリクエストすることも可能である旨を伝える。

13. Aはコールセンターのセンター長として、難しいクレームの二次対応をおこなっている。クレームの内容や要求は明らかに理不尽で常識の範囲を超えている。金銭目的の悪質なクレーマーだと判断し、通話内容を録音したうえで、毅然とした対応を取ることにした。Aの応対として、適切でないものを1つ選びなさい。

(A) 「誠意を見せろ」と言われたので、「私は誠意をもってお客様のお話を伺っております。お客様の求める誠意というのは、具体的にどのような事なのか教えていただけませんか」と対応した。

(B) 「社長を出せ」と言われたので、「社長は当センターの業務を把握しておりません。責任者の私におっしゃってください」と対応した。

(C) 「インターネットに悪評を書きまくってやる」と言われたので、「お客様にご納得いただけなかったのは大変残念ですが、私どもはお客様のなさることを止めることはできません」と対応した。

(D) 「お前の会社に火をつけるぞ、覚えとけ」と言われたので、「それは私どもを脅していらっしゃるのでしょうか。私は大変怖い思いをしています」と対応した。

14. 次の各場面において、（　　　）に入る最も適切なものを1つ選びなさい。

(1) 免税手続きはご購入の当日中のみ可能です。
   A tax refund application can only be (　　　) on the day of the purchase.

   (A) processed　　(B) claimed　　(C) proceeded　　(D) remained

(2) ＜クリニックにて＞
   こちらの問診表に記入してください。
   Please (　　　) this medical (　　　).

   (A) fill out / enquete　　　　　(B) fill on / enquete
   (C) fill out / questionnaire　　(D) fill on / questionnaire

(3) ＜ブティックにて＞
   スタッフ：いかがでしょうか。
   お客様：上品で素敵です。
   スタッフ：大変お似合いでいらっしゃいます。このネックレスには、おそろいのイヤリングもご
   　　　　　ざいます。ご覧になりますか。
   Staff: How do you like it?
   Customer: It's elegant and beautiful.
   Staff : I think it (　　　) you perfectly. We have (　　　) earrings for this necklace.
   　　　　Would you like to see them, too?

   (A) suits / matching　　(B) matches / fitting
   (C) fits / matching　　 (D) looks / fitting

(4) 日本では、お客様をお迎えするときや感謝を伝える際、店員は丁寧にお辞儀をします。
   なぜなら、日本人はおもてなしの精神を大切にしているからです。
   In Japan, the staff bow politely when greeting and showing their (　　　) for customers,
   because Japanese people (　　　) the spirit of Omotenashi.

   (A) apology / cherish　　　 (B) appreciation / value
   (C) apology / precious　　　(D) appreciation / important

(5) 申し訳ありませんが、突然、調整がつかなくなったため、パーティーに出席することができません。
   I'm afraid I won't be able the attend the party (　　　) a sudden schedule conflict.

   (A) due to　　(B) because　　(C) in spite of　　(D) although

15. 次の英文について、最も適切なものを１つ選びなさい。

New Shopping Mall to Open in Kyoto!

Central City Mall Kyoto is scheduled to open on February 24th.
It boasts extremely convenient location, as it is directly connected to Kyoto
Central Station. It accommodates more than 200 stores, including 55 restaurants
and 20 cafes, a beautiful aquarium, a sports gym, a large amusement arcade and
a cinema complex.
The grand opening sale will be held on the opening day, lasting until March 31st.
You can enjoy up to half off the regular prices in the whole shopping mall.

Business hours
・Monday – Thursday	10:00 A.M. – 08:00 P.M.
・Friday	10:00 A.M. – 09:00 P.M
・Saturday – Sunday	09:00 A.M. – 10:00 P.M.

Central Shopping Mall Kyoto
Phone: 075-000-3333
centralshoppingmall-kyoto.com

---

(1) What can customers enjoy in the Central Shopping Mall?

    (A) They can enjoy playing the musical instruments.

    (B) They can enjoy watching the soccer games.

    (C) They can enjoy watching movies at the theater.

    (D) They can enjoy shopping at a big supermarket and clothes shops.

(2) What is the maximum discount in the Central Shopping Mall?

    (A) up to 25% off

    (B) up to 50% off

    (C) up to 60% off

    (D) up to 75% off

(3) What time will the shopping mall close on weekends?

    (A) at 08:00 P.M.

    (B) at 09:00 P.M.

    (C) at 09:30 P.M.

    (D) at 10:00 P.M.

16. Read the following dialogue, and fill in the blanks using the most suitable words (A)～ (J) from the list given below.

Call to make an appointment：

Suzuki： Good Morning, this is Suzuki Tadashi from XYZ company.

　　　　Could you （ ① ） me through to Judy Force, please?

Secretary： Good Morning, Mr. Suzuki. Please hold while I （ ② ） you over to Ms. Force.

_____

Suzuki： Good Morning, Suzuki Tadashi speaking.

Force： Hi, this is Judy Force.

Suzuki： Is it （ ③ ） for you to discuss a meeting schedule right now?

Force： Yes, no problem.

Suzuki： How is your next week schedule?

Force： Umm…, I will be （ ④ ） on a business trip for the first half of the week, so that' s not an option. But I will （ ⑤ ） be back on Thursday morning. How about Thursday afternoon?

Suzuki： I'm sorry. I can't make it Thursday afternoon. Would Friday afternoon be all right?

Force： That'll be fine.

```
(A) put    (B) transit   (C) frequently   (D) connect   (E) convenient
(F) away   (G) off      (H) transfer    (I) definitely   (J) take
```

17. 次の英単語に相当する日本語のカタカナ語を書きなさい。
　　〈例〉pen　　解答：ペン
(1) career　　(2) saucer　　(3) technology　　(4) shutter　　(5) diversity

第60回
接客サービスマナー検定 1級/準1級

実 施 日：２０２３年５月１４日（日）
試験時間：８０分

── 注 意 事 項 ──

A　この試験の問題用紙は10ページです。問題用紙の他に解答シートが1枚あります。

　　試験開始後すぐに、ページ数と解答シートがあるか確認してください。

　　※不足や違いがあるときは試験官にお知らせください。

B　解答は、全て別紙の解答シートに記入してください。

C　問題に関する質問は一切受け付けません。

D　不正行為があったときは、すべての解答が無効になります。

E　その他、試験官の指示に従ってください。

── 解答シート（別紙）記入方法 ──

1．「受検地」「試験会場」を記入してください。

2．「受検番号」を記入してください。

3．「氏名」を漢字で記入し、カタカナで読み仮名を記入してください。

4．「年齢」「性別」「職業」を記入してください。

5．「２次試験希望日」は第二希望まで選び、第一希望には［1］を、

　　第二希望には［2］をマークしてください。

受検番号	氏 名

NPO法人 日本サービスマナー協会

1. クレーム応対について、適切なものには〇を、適切でないものには×をつけなさい。
(1) お客様の話を遮らず、前傾姿勢、相槌、うなずき、復唱、共感の言葉、質問などで十分な傾聴姿勢を示すことが重要である。
(2) お客様に説明する時はクッション言葉が重要で、頻繁に「申し訳ございませんが」をつけて話すと、謝罪の気持ちが伝わりやすい。
(3) 興奮したお客様から「何年この会社に勤めているのか」や「いくら給料をもらっているんだ」など、クレームと直接関係ない質問を受けても答える必要はなく、「至らぬ対応で申し訳ございません」など、質問の真意を汲み取った謝罪を伝える。
(4) 「今回の対応について、お前はどう思うのか」や「御社の責任について、あなたの意見を聞かせてください」と個人的な意見を求められたら、「これはあくまでも私の意見でございますが」と明確に前置きしたうえで誠実に答える。
(5) 何度説明しても理解してもらえない場合も、「ですから、先ほどもお伝えしましたが〜」と、根気強く説明を重ねる。

2. 慶事・弔事のマナーについて、適切なものには〇を、適切でないものには×をつけなさい。
(1) 香典を郵送する時は現金書留を利用し、現金を白無地の封筒に入れてから現金書留封筒に入れる。
(2) 弔電は葬儀の前日までに喪主宛に送るが、喪主名が不明な場合は「故〇〇〇〇様ご遺族様」とする。
(3) 結婚式の招待状の返信用はがきに「御芳名」「御住所」と印刷されている場合、それぞれ「御」の文字を二重線で消す。
(4) 祝儀袋の中包みは、表に金額、裏に住所と名前を書くのが一般的だが、裏側に金額と住所氏名の記入欄が印刷されている場合、所定欄だけ記入し、表に金額を記入する必要はない。
(5) 金封を包む袱紗のうち、慶事・弔事共通で使用できるのは、紫色と緑色である。

3. ビジネスマナーについて、以下の問いに答えなさい。
(1) 名刺交換のマナーについて、適切なものを1つ選びなさい。
　(A) 名刺交換は立っておこなうのが原則で、応接室などでテーブルが間にある場合は、相手の正面に立って、テーブル越しに交換する。
　(B) 上司と一緒に訪問した場合、上司が先に交換し、その後自分が交換するが、その場合の名乗りは社名を省いてかまわない。
　(C) 名刺はお互いの立場や関係性にかかわらず、訪問した側が先に差し出すべきものである。
　(D) 複数人と交換した場合は相手の着席順に名刺を並べるが、2名から名刺を受け取った場合は、2枚とも自分の名刺入れの上にのせて机の上に置く。

(2) エレベーターでのマナーについて、適切でないものを1つ選びなさい。

(A) 一般的に、向かって左奥が上座で、操作盤の前が最も下座である。

(B) 途中の階で上司が乗ってきた場合、エレベーター内が混んでいれば、無言で会釈をするだけでもかまわない。

(C) お客様と一緒にエレベーターに乗る場合は、いつでもお客様を優先し、外からドアを手で押さえて、「どうぞ」とお客様に声をかけて誘導する。

(D) 降りる時は基本的にお客様を優先するが、ほかにも人が乗っていて自分がドアに近い位置にいる場合は、自分が先に降り、外からドアを手で押さえてお客様を誘導する。

(3) 詫び状作成のマナーについて、適切でないものを1つ選びなさい。

(A) 社外に提出する詫び状は謝罪の気持ちを表現するのが一番の目的で、「申し訳ございません」以外に「陳謝いたします」「お詫び申し上げます」など、くどくない程度にお詫びの言葉を重ねてもよい。

(B) 社内に提出する始末書や顛末書は、社外向けの詫び状とは目的が異なり、トラブルやミスの経緯説明と再発防止対策を示す報告書の位置づけなので、謝罪の言葉は必要ない。

(C) 急なトラブル等を伝える場合、頭語を「急啓」として前文を省いて謝罪文から始め、結語は「草々」や「早々」としてもよい。

(D) 詫び状は責任を認める証明書でもあるので、お客様から提出を求められた場合でも、こちらに非があるかどうか、事実関係が不明なまま安易に提出すべきではない。

4. 接遇について、以下の問いに答えなさい。

(1) ホスピタリティについて、適切でないものを1つ選びなさい。

(A) 人は自分の予想を超えたサービスを受けるとその感動を人に伝えたくなるので、ホスピタリティの発揮によって、口コミ評価による新規顧客を生む好循環が期待できる。

(B) オートメーション化が進む現代において、「人によるサービス」は相応のコストがかかるが、顧客満足を追求するために極めて重要な要素である。

(C) お客様が商品を購入した後のフォローや新商品案内の手紙・電話は有効であるが、住宅や自動車など高額商品の場合、頻繁に購入するものではないので重要性はやや低い。

(D) スタッフ個人のホスピタリティマインド育成は重要だが、ホスピタリティに対する考え方や理念を組織全体で共有することが不可欠である。

(2) CS調査について、適切でないものを1つ選びなさい。

(A) CS調査とは顧客満足(Customer Satisfaction)の水準をはかる市場調査であり、得られた結果をその後のマーケティングに反映する目的で実施される。

(B) 一般的にCS調査はデータが多いほど精度が増すため、繁忙期やキャンペーン期間中など、お客様の多い時期に実施するのが望ましい。

(C) CS調査は、CS向上サイクルにおいては「活動成果の把握」と「問題点抽出」の役割を持つので、PDCAの「C」の機能として年度計画に盛り込むことが望ましい。

(D) CS調査結果は顧客にも公開し、企業としての今後の取り組みを提示することで、顧客の期待値を高める効果もある。

(3) 医療現場の接遇について、適切でないものを1つ選びなさい。

(A) 病院の代表電話は様々な状況の人から電話がかかってくるので、第一声（名乗り）は落ち着いた低いトーンにし、なるべく感情が伝わらない平坦な話し方で応対する。

(B) 診察時間外に電話をかけてくる患者様は緊急性があることも少なくないので、症状等を聴き取って医師に相談し、緊急性がないと判断された場合は相手に安心感を与えながら「明日の午前の診察は9時からですので、明日お越しいただけますか」と提案する。

(C) 来院する患者様から場所や交通機関の問い合わせを受けたら、診察受付時間や保険証が必要な旨などをあわせて案内する。

(D) 医師あての不要な営業電話も多いので、事前に取り次いでも良い電話を医師と確認し、それ以外の電話は「誠に恐れ入りますが診察中でございますのでお取次ぎいたしかねます。よろしければ伝言を承りましょうか」と丁重にお断りしたり、相手の連絡先を聞き取ったりする。

(4) 高齢のお客様への接客について、適切でないものを1つ選びなさい。

(A) わかりやすい言葉でゆっくりはっきり説明し、商品の使い勝手を実感できるように手に取って重さや手触りを確認してもらう。

(B) お客様の話を聞いた後はクローズ質問で焦点を絞って真意を確認したり、内容を復唱して認識違いを防ぐ工夫が普段以上に重要である。

(C) 面倒な手続きや案内を極端に嫌うお客様が多いので、インターネットやアプリを使用するサービスには触れないなど、シンプルな説明を心がける。

(D) 相槌や頷きなどのリアクションは普段よりやや大きめを意識し、ペーシングやミラーリングの手法も活用してコミュニケーションを取る。

(5) 社内講師が新入社員にホスピタリティ教育をする際に心がけることとして、適切なものを1つ選びなさい。

(A) ホスピタリティの発揮には生まれながらの感性が大きく関係しているので、スタッフの個性を尊重して各人の能力レベルを考慮した教育をおこなう。

(B) マニュアル遵守はホスピタリティの発揮を制限してしまうので、マニュアルはあくまでも参考程度にすべきと伝え、自身の経験に基づく内容をメインに伝える。

(C) 研修でロールプレイングを実施した後はフィードバックの時間と、本人がフィードバック内容をどのように受け止めたかをヒアリングする機会を作って成長を促進する。

(D) 現場で具体的行動を起こせてこそのホスピタリティ教育なので、理論や座学は極力省き、実務中心に研修教育をおこなう。

5. 言葉遣いについて、以下の問いに答えなさい。

(1) 恩師への言葉遣いとして、最も適切なものを 1 つ選びなさい。

 (A) ハワイ土産のお菓子です。どうぞお嬢様に差し上げてください。

 (B) ハワイ土産のお菓子です。どうぞお嬢様に渡してください。

 (C) ハワイ土産のお菓子です。どうぞお嬢様と召し上がってください。

 (D) ハワイ土産のお菓子です。どうぞお嬢様とお楽しみになられてください。

(2) 電車内のアナウンスにおける言葉遣いとして、適切でないものを 1 つ選びなさい。

 (A) お忘れ物をいたしませんよう、くれぐれもご注意ください。

 (B) 駆け込み乗車は危険ですので、お控えください。

 (C) 必要とされる方に、座席をお譲りくださいますようお願いします。

 (D) こちらの快速電車は、次の駅から普通電車になります。

(3) お客様に対する受付担当者の言葉遣いとして、最も適切なものを 1 つ選びなさい。

 (A) すぐにお取次ぎいたします。どなたとのお約束でいらっしゃいますか。

 (B) 田中様でございますね、いつもお世話になっております。

 (C) 田中様がいらっしゃった旨を吉田にお伝えいたしますので、少々お待ちいただけますか。

 (D) よろしければコートをお預かりいたしますが、いかがなさいますか。

(4) 「拝」のつく謙譲語の使い方として、適切でないものを1つ選びなさい。

 (A) 部長からお借りした雑誌を拝読しました。

 (B) 拝受した資料を確認後、ご連絡します。

 (C) 貴重なご意見を拝聴し、大変勉強になりました。

 (D) 御社のホームページを拝見しました。

(5) 次の文の下線部と同じ種類の敬語で、正しく使用されている文を1つ選びなさい。

 先日、御社の田中様に<u>お目にかかり</u>ました。

 (A) 明日からアメリカ出張に参ります。

 (B) 明日、お客様のご自宅に伺います。

 (C) 本日、弊社の社長は本社におります。

 (D) そちらの案件は、私もよく存じ上げております。

6. 日本料理と中国料理について、〇に当てはまる漢字を書きなさい。

(1)「〇〇料理…中国料理の種類。素材の味を生かした比較的あっさりした海鮮料理が有名。ソースやケチャップなど、本来中国にない調味料を取り入れた味付けも特徴。「酢豚」や「ふかひれスープ」が有名。

(2)「〇〇料理」…中国料理の種類。酸味や辛味が非常に強い味付けが特徴。「麻婆豆腐」や「海老のチリソース」が有名。

(3)「〇〇料理」…日本料理の種類。江戸時代の酒宴料理が起源で、お酒を飲みながら楽しむ一般的なコース料理。

(4)「〇寸」…日本料理で提供される献立の名称。季節の山の幸と海の幸を少しずつ盛った一品。

(5)「〇付け」…料理ができるまでのつなぎとして、酒とともに提供される肴。お通し。

7. ビジネスで広く使用する以下の言葉について、（　　　）に当てはまる文字を書きなさい。
　　＊(1)(2)(3)は英単語、(4)(5)は漢字2文字である。

・5W3Hとは、What・When・Where・Why・（　(1)　）・How to・How much・How many のことである。

・PDCAサイクルとは、（　(2)　）→ Do → （　(3)　）→ Action のことである。

・5Sとは、（　(4)　）・整頓・清掃・（　(5)　）・ しつけ のことである。

8. 以下の文の（　　）や「　　」に当てはまる最も適切な語句を、(A)～(L)の中から選びなさい。

ビジネスのグローバル化や（　(1)　）に伴い、属性や価値観の異なる人とともに働くケースが増えてきている。そこで、相手の立場や意見を尊重しつつ、自分の主張を正確に伝える表現方法として、（　(2)　）コミュニケーションが重要視されている。その実践により、社内コミュニケーションが活発になり、良好な人間関係の構築に繋がることが期待される。
このコミュニケーションにおいて、以下の4つが重要な柱とされる。
　① 自分に対しても相手に対しても嘘をつかず、誠実さを貫くこと。
　②（　(3)　）な言い回しを避け、（　(4)　）に伝えること。
　③ 自分と相手の立場の違いや力関係に左右されることなく、対等な関係で意見を交換すること。
　④ 伝えた結果、伝えなかった結果は自己責任と考えること。
また、このコミュニケーションの表現方法の1つとして（　(5)　）法があるが、これは「描写」「表現」「　(6)　」「選択」の4段階で自己主張をする組み立てる方法である。

(A) ロジカル　　(B) コーチング　　(C) DX推進　　(D) 婉曲的　　(E) 提案

(F) DESC　　(G) 率直　　(H) ダイバーシティ　　(I) DENC　　(J) 交渉

(K) ファシリテート　　(L) アサーティブ

---

9. 次の①〜⑦は社外文書の基本的な構成順である。（1）〜（5）にあてはまる言葉を、（A）〜（G）の中から選びなさい。

① 前付：発信年月日、宛名、発信者名の順。宛名は左寄せ、その他は右寄せで書く。
② 件名
③（（1））：頭語→（（2））の挨拶→（（3））の挨拶→感謝の挨拶の順で書く。
④ 主文
⑤（（4））
⑥ 別記：箇条書きにするのが一般的
⑦（（5））

（A）安否	（B）副文	（C）所見	（D）時候
（E）末文	（F）起辞	（G）前文	

10. Aはビジネスホテルのフロントスタッフである。最近、入口近くに自動チェックイン機を導入した。フロントは自動チェックイン機から少し距離はあるが、お客様の様子を見ることはできる。Aの応対として、最も適切なものを1つ選びなさい。

（A）自動チェックインのホテルを選ぶのは干渉を好まないタイプのお客様と推測できるので、「いらっしゃいませ」と迎えた後は、声をかけられるまで気にかける様子は敢えて見せない。

（B）高齢のお客様は機械に弱いと推測されるので、「よろしければ、こちらで伺いますのでどうぞ」と、フロントから笑顔で声をかける。

（C）自動チェックイン機を通過してフロントに来たお客様には、「いらっしゃいませ」と迎えた後、「あちらの機械で簡単にチェックインができますので、ぜひご利用ください」と伝える。

（D）お客様から「便利だけど、少し味気ないね」と言われたので、「たしかにそういう面もございますね。利便性が高く、あたたかみもあるサービスを目指しますので、何かお気づきの点がございましたら、教えていただけますか」と前向きな表現をする。

11. スタッフAが勤務する婦人服店では、現在バーゲンセールを実施している。定価の半額となった1着のジャケットを手に取って長い時間悩んでいるお客様にAがかけた言葉として、適切でないものを1つ選びなさい。

(A) 「丈が短めのジャケットですから、お客様が本日お召しになっているスカートとの相性も抜群ですね。よろしければ、一度袖を通してみられませんか」

(B) 「こちらは定番商品ですので長くお召しになれますよ。スカートにもパンツにも合うので重宝します。本日よりお求めになりやすい価格にいたしました」

(C) 「インナーを変えたり、アクセサリーをつけると、オン・オフ両方で活躍する商品です」

(D) 「今シーズン一番人気だったジャケットです。肩のラインが今年風ですよね。今なら半額ですので、大変お買い得です」

12. 高齢者福祉施設に勤務するAは、入所者様の居室内で、転倒を招きそうな箇所があったことから、安全確保と介助のしやすさを理由に、居室内の家具の配置変更を入所者様に提案した。本人から「任せます」と言われたので、テレビ台と戸棚の位置を変更した。しかし、面会に来たご家族から「家具は私物だし、居室はプライベートな空間なのだから、勝手に配置を変えられては困る」と、お叱りを受けた。Aが反省した内容のうち、適切でないものを1つ選びなさい。

(A) 入所者様にとって居室は大切な空間なのだから、安全確保や介助のしやすさ優先で、家具の位置を変更すべきではなかった。

(B) いくら入所者様のことを思っていても、ご家族の賛同や協力を得られなければ実践できないことも多いので、ご家族にも事前に相談すべきだった。

(C) 入居の際に、このような場合は家具の配置をおこなう可能性があることを、あらかじめ説明・確認をしておけば、スムーズに対応ができた。

(D) リスクを予見した情報共有は不可欠で、家族を巻き込んだリスクマネジメントを意識すべきだった。

13. 保険会社事務部門のマネージャーAがおこなったクレーム応対として、適切でないものを1つ選びなさい。

(A) 電話に出るなり、興奮したお客様が「バカ野郎」など人格否定の暴言を含めて不満を訴えてきたので、「大変恐れ入りますが、乱暴な言葉は名誉毀損にあたります。お控えくださいませんでしょうか」と伝えた。

(B) 訪問謝罪で数時間交渉が進展せず事実上の軟禁状態になっている場合、「夜20:00以降はお客様のお宅にお邪魔してはいけないことになっております。大変恐れ入りますが、本日はいったん引き取ります」と伝えて速やかに辞去した。

(C) 自社に落ち度がある案件で、その損害賠償について今すぐ結論を出せと言われたが、「大変申し訳ございませんが、どのような対応が取れるかは私の一存でお答えいたしかねます。今週中に、弊社としての対応を回答させていただきます」と返答した。

(D) 社長からの謝罪を要求されたが、「今回の件は当社の方針によるものではなく、事務部門の不手際によってお客様にご迷惑をおかけしたものです。担当部署の責任者である私が謝罪いたします」と、社長からの謝罪要求には取り合わなかった。

14. 次の各場面において、（　　）に入る最も適切なものを1つ選びなさい。

(1) 御社の製品について、詳細をお送りいただけませんでしょうか。

Could you please send us more information (　　) your products?

(A) according　　(B) regarding　　(C) following　　(D) including

(2) ＜ホテルにて＞

貴重品は金庫に入れていただけますか。

Could you please keep your (　　) in the safe?

(A) valuables　　(B) property　　(C) baggage　　(D) importance

(3) お客様のご期待に添えず、申し訳ございませんでした。

We (　　) if we did not (　　) your expectations.

(A) apologize / meet　　　　(B) apologize / see

(C) appreciate / exceed　　(D) appreciate / match

(4) ＜高級ブティックにて＞

　スタッフ：お客様、こんにちは。何かお探しでいらっしゃいますか。

　お客様：いえ、見ているだけです。

　スタッフ：かしこまりました。どうぞごゆっくりご覧ください。

　　　　　　何かございましたら、お知らせください。

Staff: Good afternoon, ma'am. Are you looking for anything in particular?

Customer: No, I'm just looking, thank you.

Staff: (　　), ma'am. Please take your time.

　　　If you need any (　　), please let me know.

(A) Certainly / assistant　　(B) Sure / assistant

(C) Certainly / assistance　(D) Sure / assistance

(5) ＜レストランにて＞

　スタッフ：申し訳ございませんが、ただいま満席でございます。

　　　　　　20分ほどでお席の用意ができます。

　　　　　　メニューをご覧になって、お待ちいただけますでしょうか。

Staff: We are sorry, but we are full right now.

　　　Your table will be ready in about 20 minutes.

　　　Would you like to look at the menu (　　) you are waiting?

(A) during　　(B) while　　(C) as soon as　　(D) until

15. 次の英文について、最も適切なものを1つ選びなさい。

A:Hello. This is ABC travel agency. How may I help you?
B:Hi, this is Taro Sakamoto, of Sakamoto Accounting.
   I'd like to speak with Mr. Shaw, please. He's expecting my call.
A:Oh, Mr. Sakamoto. Mr. Shaw left me a message for you.
   He had to step out for a meeting.
   He said he mailed the documents of company outing you need to your office yesterday,
   so they should arrive in the next day or two. He'd like you to call him if you don't
   receive them by Thursday.
B:Perfect, that's exactly why I was calling. I'll keep an eye out for them and hopefully
   they'll be here by the end of the week.

(1) Who does B want to speak with?
   (A) A legal adviser
   (B) A postal worker
   (C) Mr. Sakamoto
   (D) Mr. Shaw

(2) When does A say to expect the package?
   (A) In a few days
   (B) Next week
   (C) On Friday
   (D) Today

(3) Why is B calling?
   (A) To ask about accounting services
   (B) To find out about some papers
   (C) To leave a message
   (D) To schedule an meeting

16. Read the following dialogue, and fill in the blanks using the most suitable words (A)
    ～(J) from the list given below.

Date: May 17th
Subject: Asking for hotel date change
Dear Erika,

(①) to an important meeting with our new clients in Tokyo, my departure to Frankfurt
will be (②) one day. I will stay at the hotel for three days from May 24th to May
26th.
Would you please cancel the (③) for May 23rd? And please let me know how much the
cancellation (④) is.
I am sorry for the (⑤) change, and thank you very much for your help.
Best Regards,
Lucas Williams

(A) delaying	(B) because	(C) charge	(D) delayed	(E) sudden
(F) reservation	(G) reserve	(H) due	(I) suddenly	(J) budget

17. 次の英単語に相当する日本語のカタカナ語を書きなさい。
    〈例〉image　　解答：イメージ
   (1) syrup　　(2) default　　(3)neutral　　(4) irregular　　(5) archive

第６１回

接客サービスマナー検定　1級/準1級

実施日：２０２３年８月６日（日）
試験時間：８０分

注　意　事　項

A　この試験の問題用紙は10ページです。問題用紙の他に解答シートが1枚あります。
　　試験開始後すぐに、ページ数と解答シートがあるか確認してください。
　　※不足や違いがあるときは試験官にお知らせください。
B　解答は、全て別紙の解答シートに記入してください。
C　問題に関する質問は一切受け付けません。
D　不正行為があったときは、すべての解答が無効になります。
E　その他、試験官の指示に従ってください。

解答シート（別紙）記入方法

１．「受検地」「試験会場」を記入してください。
２．「受検番号」を記入してください。
３．「氏名」を漢字で記入し、カタカナで読み仮名を記入してください。
４．「年齢」「性別」「職業」を記入してください。
５．「２次試験希望日」は第二希望まで選び、第一希望には［1］を、
　　第二希望には［2］をマークしてください。

受検番号	氏　名

NPO法人　日本サービスマナー協会

1. クレーム電話応対について、適切なものには〇を、適切でないものには×をつけなさい。
(1) こちらに非がないケースで最初に謝罪してしまうと後々の交渉で不利になるので、初期謝罪の言葉は安易に伝えない。
(2) 悪質クレームかどうかの最も大きな判断基準は、乱暴な口調や言葉ではなく、要求の中身（社会通念の範囲を超えているか）である。
(3) 興奮したお客様に「本当に悪いと思っているのか」「お前は入社何年目だ」「謝ったらすむと思っているのだろう」などと矢継ぎ早に質問された時は、それぞれの質問に対して誠意を持って明確に回答する。
(4) お客様の話の途中で誤解があると気付いたら、その時点ですぐに誤解を解く説明をして解決策を提示すると、早期解決につながる。
(5) 応対者の動揺や感情が伝わると、お客様の不安や怒りを増大させる可能性があるので、応対者は感情をあらわさず、淡々とした口調で話すよう心がける。

2. 食事のマナーについて、適切なものには〇を、適切でないものには×をつけなさい。
(1) 骨付き肉を注文し、フィンガーボールが準備されたら、骨を持って食べてもかまわない。食べ終わったら、片手ずつ指先を水の中で軽くこすり、洗い終わったらナプキンで拭く。
(2) 割り箸を割る時は、箸を横向きで持ち、左手で箸の下側、右手で上側を持ち、扇を開くように手首をひねって膝の上で割き、ささくれがあれば指で取る。
(3) 中国料理では、自分の取り皿に盛った料理は全て食べるが、回転卓の大皿料理は少し残すのが正式なマナーである。
(4) 西洋料理では、食事中、両手をテーブルの上にのせておく。
(5) 日本料理で箸と器の両方を持ちたい時は、同時に取らずに、まず右手で箸を取り、次に左手で器を取る。

3. ビジネスマナーについて、以下の問いに答えなさい。
(1) 名刺交換のマナーについて、適切でないものを1つ選びなさい。
　(A) 複数の人と名刺交換した際、商談中は最も役職の高い人の名刺を名刺入れの上にのせ、他の人の分も含めて、名刺を先方の座っている順番でテーブルに並べた。
　(B) 名刺交換の後、名刺に記載のない携帯電話番号を教えてもらったので、手帳に書き込み、自社に戻ってから相手の名刺に転記した。
　(C) お互いに名乗りを済ませた後、訪問側である自分が名刺を差し出したところ、相手も同時に片手で名刺を差し出したので、自分の名刺をいったん名刺入れの下に戻し、先に両手で相手の名刺を受け取った。
　(D) お客様に資料と一緒に名刺も送ってほしいと頼まれたので、資料の右上にクリップでとめて送付した。

(2) 取引先に手土産を渡す際のマナーについて、適切なものを1つ選びなさい。

(A) 相手のオフィスを訪問した時は、部屋まで案内してくれた受付者が退出する際に、「こちら皆様で召し上がってください」と、紙袋から出して渡す。

(B) 会食をしたレストランで手土産を渡してそのまま解散する時は、「お口に合えば嬉しいです。紙袋のまま失礼します」と、紙袋から出さずに渡す。

(C) 初対面の相手であれば、ありきたりの商品よりもオリジナリティのある商品を選び、「つまらないものですが、どうぞ」と謙遜を示して渡す。

(D) お詫び訪問の場合、担当者と挨拶後、着席する前に「こちら、まずはお詫びのしるしでございます」と、神妙な表情で渡す。

(3) 席次について、適切でないものを1つ選びなさい。

(A) オフィスとパーテーションで仕切られている応接コーナーの場合、オフィス側から遠い席が上座である。

(B) エレベーターの席次は、入口から見て左奥が上座、操作盤の前が下座である。

(C) 新幹線の3人掛けの席次順は、窓際、真ん中、通路側の順である。

(D) 応接室の向かい合った席に、自社側、来客側が3名ずつ着席する場合、それぞれ真ん中が上座である。

4. コミュニケーションについて、以下の問いに答えなさい。

(1) 依頼の伝え方について、適切なものを1つ選びなさい。

(A) 「お手数をおかけしますが」「お忙しいかと存じますが」などのクッション言葉を使用し、丁寧な依頼形「〜してください」で伝えると、ソフトな印象を与える。

(B) 語尾を強く伝えると高圧的な印象を与えかねないので、語尾を弱めにするか、「〜だとありがたいのですが…」と言葉を濁すと、謙虚な印象を与える。

(C) 「この分野に広い見識をお持ちの○○さんにこそ、お願いしたいです」など、良い意味で相手を乗せる表現を工夫して伝える。

(D) 相手に負担のかかる内容でも、期日や条件は明確にし、引き受けなかった場合のデメリットを強調して依頼する。

(2) お断りの伝え方について、適切でないものを1つ選びなさい。

(A) 取引先の依頼を断る時は、「検討いたしますが、おそらく難しい状況かと存じます」など、相手に状況を察してもらえる伝え方で、関係悪化を回避する。

(B) 「できません」は拒絶した印象を与えるので、「〜かねます」と肯定的表現に変え、「〜ではいかがでしょうか」など、代替案を積極的に伝える。

(C) 誘いを断る時は、当たり障りのない理由を伝え、「またお声がけいただければ嬉しいです」など、次につながる言葉を添える。

(D) 営業電話を断る時は、「残念ながら新規のお取引はおこなっておりません」や「必要があればこちらからご連絡します」など、再び電話をかけにくくなる言葉を使用する。

(3) 傾聴について、適切でないものを1つ選びなさい。

(A) 効果的に聴くためには、アイコンタクト・表情・ジェスチャー・姿勢・距離・声のトーンや抑揚などの非言語的コミュニケーションも重要である。

(B) 「共感的に聴く」とは、お客様の感情に寄り添い、「私もそう思います」「お客様のおっしゃる通りです」などの言葉を積極的に伝えて、話し手を安心させることである。

(C) お客様のニーズを捉えるためには、お客様を注意深く観察しながら聞き役に徹し、復唱や要約だけでなく、内容に踏み込んだ質問や角度を変えた質問を効果的に利用する。

(D) カタルシスとは傾聴がもたらす効果の一つで、不安や悩みなどの思いを言葉にして表現することで、不快だった気持ちが取り除かれて安心感を得られることである。

(4) 高齢のお客様や患者様・利用者様とのコミュニケーションについて、適切でないものを1つ選びなさい。

(A) 「もうすぐお昼ですから、そろそろお手洗いに行って、入れ歯をつけてからお食事に行きましょう」など、全体のイメージが描けるような話し方が効果的である。

(B) 高齢になると高音域が聞き取りにくくなる傾向があるので、通常より声のトーンを低めに、ゆっくりと話すのが効果的である。

(C) 安心感を与えるためのスキンシップも大切だが、驚かせないように、なるべくその人の視界に入ってから身体に触れるよう意識する。

(D) 言葉がすぐに出てこない人も多いので、沈黙も会話の一部と捉え、その人のペースに合わせて待つことが重要である。

(5) 営業や交渉について、適切でないものを1つ選びなさい。

(A) お客様のニーズに合わせた柔軟な対応が重要なので、綿密な事前準備はせず、その場での発想や直観を重視する。

(B) お客様に安心して話を聞いてもらい、YESを引き出すためには、姿勢や表情、声のトーンなど印象力も重要である。

(C) 交渉内容をわかりやすく伝えるためにPREP法を用いたり、一文をなるべく短く区切って話すなど、聞き手が情報を整理できる話し方を意識する。

(D) 「本日はお忙しい中申し訳ありません」や「何かの参考にひとまずお聞きいただけますか」などの言葉は、お客様の交渉への意欲を低減させる可能性もあるので注意が必要である。

5. 言葉遣いについて、以下の問いに答えなさい。

(1) 機内アナウンスでの言葉遣いとして、最も適切なものを1つ選びなさい。
   (A) このたび、機内販売の商品が大変お求めやすい価格になりました。
   (B) お帰りの際は、お忘れ物をいたしませんようお願い申し上げます。
   (C) 本日のメインディッシュは、魚とチキンを用意してございます。
   (D) シートベルト着用のサインがついている間、化粧室のご使用はお控えください。

(2) お客様への言葉遣いとして、適切でないものを1つ選びなさい。
   (A) ご迷惑をおかけしましたこと、幾重にもお詫び申し上げます。
   (B) ご不快な思いをさせてしまい、お詫びの言葉もございません。
   (C) 弊社の不行き届きにつきまして、十分にお詫び申し上げます。
   (D) 至らぬ点ばかりで、深く恥じ入っております。誠に申し訳ございません。

(3) お客様への言葉遣いとして、適切でないものを1つ選びなさい。
   (A) ご購入される切符は、東京行きの指定席往復でよろしいでしょうか。
   (B) お手数ですが、こちらの申込書にお名前をフルネームでご記入いただけますか。
   (C) あいにく普通車は満席ですが、グリーン車は空席がございます。いかがなさいますか。
   (D) 東京行き電車は5分後の出発でございます。少々お急ぎになったほうがよろしいかと存じます。

(4) お客様への言葉遣いとして、適切でないものを1つ選びなさい。
   (A) 宿泊料金が10%割引になりますので、ぜひ、割引クーポンをご持参ください。
   (B) よろしければ、ロビーでウェルカムドリンクを召し上がられませんか。
   (C) 他にご入用のものがございましたら、何なりとフロントまでお申し付けください。
   (D) AプランとBプランでしたら、Bプランのほうがお得感がございます。

(5) 下線部の慣用句のうち、適切でないものを1つ選びなさい。
   (A) Aさんは絶妙な合いの手を入れて会話を盛り上げる人だ。
   (B) 担当者の不正が明るみに出たので、この企画は中止になった。
   (C) 可愛がっていた部下に足元をすくわれるとは思いもしなかった。
   (D) 石にかじりついてでも成功させるという彼の強い意志を感じた。

6. 冠婚葬祭について、（　　　）に当てはまる数字を書きなさい。
- ・帯祝いとは、妊娠（（1)）か月目の戌の日に妊婦が腹帯を巻き、安産を祈る儀式である。
- ・お食い初めとは、生後（（2)）日目におこなわれ、赤ちゃんが一生食べ物に困らないように願う儀式である。
- ・重陽の節句とは（（3)）月9日のことである。
- ・喜寿とは（（4)）歳の長寿祝いである。
- ・金婚式とは結婚して（（5)）周年目の祝いである。

7. 次の〇にあてはまる漢字を書きなさい。（すべて漢字1文字）
(1) 忘れてください。→ご〇念くださいますようお願い申し上げます。
(2) 忘れていました。→〇念しておりました。申し訳ございません。
(3) どうしても出席してほしい。→〇障お繰り合わせのうえ、ご出席願います。
(4) 書類の内容をよく確認して受け取ってください。→ご〇収ください。
(5) 完売間違いない商品だ。→完売必〇の商品だ。

8. 次の文章の（　　　）や「　　　」に当てはまる最も適切な語句を、(A)～(L)の中から選びなさい。

　　仏式では、焼香と合掌で死者への弔いをします。その際は数珠を持ちます。

　　神式では、葬儀の前に身を清める「（（1)）の儀」をおこないます。また、神式では（（2)）という榊の枝に紙を下げたものを祭壇に捧げます。拝礼の仕方（作法）は（（3)）です。

　　キリスト教では故人とのお別れの儀式として献花をおこないます。
　　献花の手順は、生花を受け取る時は花の部分が（（4)）にくるようにし、祭壇前に進んで一礼します。生花を祭壇に捧げる際は、（（5)）を祭壇に向けて置き、遺影に一礼します。

　　不祝儀袋の表書きはそれぞれの宗教により異なりますが、「（6)」は全ての宗派で使用できます。（ただし、浄土真宗などの真宗は「御仏前」が正式です）

(A) 御霊前　　(B) 御香典　　(C) 水引　　(D) 玉串　　(E) 花（花弁の部分）
(F) 花の根本（茎の部分）　　(G) 手水　　(H) 右手側　　(I) 左手側
(J) 二拝二拍手　　(K) 二拝二拍手一拝　　(L) 二拍手一拝

9. 広報活動に関する次の語句の説明として、最も適切なものを、(A)～(G)の中から選びなさい。

(1) ひとつの情報を、多様なメディア（新聞、テレビ、ラジオ、ウェブサイト等）で表現すること。

(2) マスメディアなどへの資料提供。情報提供する資料のこと。会社や商品について紹介し、メディアに取材してもらうことを主な目的とする。

(3) 行政側の代表が住民と意見交換すること。住民の声を聴き行政運営に反映させる制度。

(4) 販売促進のための活動全般のこと。

(5) 企業が株主などの投資家に対して行う情報提供活動のこと。

> (A) プロモーション　　(B) タウンミーティング　　(C) バナー広告　　(D) ＩＲ
> (E) タウンマネジメント　　(F) クロスメディア　　(G) ニュースリリース

10. 保険会社の窓口担当Aのお客様応対として、適切でないものを1つ選びなさい。

(A) 家族が入院中のお客様に、「ご心配ですね。○○様もお疲れが出ませんよう、どうかご自愛ください」

(B) 離婚のため名義変更手続きをしたお客様に、「これから大変でいらっしゃると思いますが、応援しております」

(C) 夫が他界して保険手続きをしたお客様に、「このたびは誠にご愁傷様でございます。ご生前中は、私も大変お世話になりました」

(D) ペットのための保険に加入したお客様に、「ご家族として大切にされているお気持ちが伝わって、私もあたたかい気持ちになりました」

11. 個人経営のスポーツ用品店の店長Aは、ネット販売店との競合に頭を悩ませている。店で商品の説明を受けてもその場では購入せず、最安値を調べてネット販売店で購入するお客様が増えたようだ。選ばれる店舗にするためにAが考えた内容として、最も適切なものを1つ選びなさい。

(A) ネット販売店への顧客流出を防ぐためには価格が重要なので、薄利多売を覚悟し、この店は安いという信頼を得られるようにする。

(B) 顧客ターゲットを広げるほど来店者数が増えるので、この分野に強いなどの特色を出してターゲットを明確化するのは避け、間口はなるべく広くしておく。

(C) 実店舗の強みは接客にあるので、お客様が来店した目的の商品だけに的を絞って詳しく説明し、目当ての商品をすぐに購入したいという欲求を高める。

(D) 店舗の口コミ投稿は集客に影響があるので、お客様が良い口コミを投稿したくなる接遇を日々実践するだけでなく、「地域で一番の店舗にしたいので、口コミの投稿をお願いできませんか」など理由を添えて、直接お客様に投稿を依頼する。

12. 介護福祉施設に勤務するＡは、入居者様に安心して過ごしてもらえるような接し方を心がけている。Ａの入居者様への接し方のうち、適切でないものを1つ選びなさい。

(A) 「家に帰りたい」と繰り返す入居者様には、「やはりご自宅が一番落ち着きますよね」と共感姿勢を示しつつ、「少しでもご自宅に近い環境で過ごしてもらえるようにしたいと思っています。ご希望があれば、ご遠慮なくおっしゃってください」と前向きに話す。

(B) 入居者様の話を聴く時は、大きく頷いたり「すごいですね」「そうだったんですね」など少し大げさに表情や声のトーンを変えたりして、感情豊かに聴く。

(C) 今日はあまり調子が良くないと言う入居者様には、「お顔の色は悪くないので心配されなくても良いと思いますが、念のためお医者さんに診てもらうよう手配しましょうか」と問いかけて安心感を与える。

(D) 興奮した様子で身内の悪口を言う入居者様には、「そうなんですか、それはひどいですね」と十分な共感姿勢を示して気のすむまで話を聴く。

13. 家電製品の修理担当Ａは、クレーム応対の際にお客様への共感や誠意ある謝罪を実践する一方で、毅然とした対応が必要な場面もあると考えている。謝罪や妥当な解決策の提示を繰り返しても納得しないお客様へのＡの応対として、適切でないものを1つ選びなさい。

(A) 「取り扱い説明書なんて面倒だから普通は読まないだろう」と言うお客様に、「大変恐れ入りますが、私どもとしては、読んでいただけることを前提に販売しております」と伝えた。

(B) 「弁護士に言って裁判に持ち込むぞ」と言うお客様に、「そのように大事にされるとわたくしどもとしては困ります。お控えください」と伝えた。

(C) 「その結論を出したのは誰だ。決定した奴を出せ」と言うお客様に、「私や特定の上席者ではなく、社内の関係者で協議した結果でございます」と伝えた。

(D) 「過去に他社ではやってもらったぞ。なぜできないのだ」と言うお客様に、「その時の状況や他社の基準はわかりかねます。今回の状況を検討したうえで、弊社の回答をご案内しております」と伝えた。

14. 次の各場面において、（　　　）に入る最も適切なものを１つ選びなさい。

(1) ご配慮いただきありがとうございます。
　　Thank you very much for your kind (　　　).

　　(A) permission　　(B) cooperation　　(C) appreciation　　(D) consideration

(2) ＜機内にて＞
　　客室乗務員：お客様、お手伝いいたしましょうか。
　　お客様：ええ、お願いします。荷物が上の棚に入らないんです。他にスペースはありませんか。
　　Cabin Crew: Excuse me, ma'am. May I help you?
　　Customer: Yes, please. My bag doesn't (　　　) in the overhead compartment.
　　　　　　　Is there any other space for my bag?

　　(A) put　　(B) enter　　(C) suit　　(D) fit

(3) 免税手続きはご購入の当日中のみ可能です。
　　A tax refund application can only be (　　　) on the day of the purchase.

　　(A) proceeded　　(B) remained　　(C) processed　　(D) claimed

(4) ＜居酒屋にて＞
　　スタッフ：ご注文を確認いたします。生ビールがおふたつ、鶏のからあげがおひとつ・・・。
　　お客様：あ、すみません。やはり、ビールではなく、ハイボールをいただけますか。
　　Staff: Let me confirm your order. Two draft beers, one chicken Karaage….
　　Customer : Excuse me, I changed my mind, can I have whisky with soda (　　　) beer?

　　(A) on behalf of　　(B) in charge of　　(C) instead of　　(D) in addition to

(5) ＜電車内でのアナウンス＞
　　車内には、お年寄り、身体の不自由なお客様、妊娠中や乳幼児をお連れのお客様のための優先席
　　がございます。必要なお客様がいらっしゃいましたら、お座席をお譲りください。
　　There are (　　　) seats reserved for elderly, disabled passengers, expected mothers and
　　passengers carrying infants in most cars. Please offer your seat to those who may need
　　it.

　　(A) superior　　(B) priority　　(C) silver　　(D) advantage

15. 次の英文について、最も適切なものを１つ選びなさい。

The Information Counter offers all airport information services and help to solve problems for customers in the passenger terminals. The Counter can assist with everything from information regarding flights, access, and airport facilities, to accepting lost children, and lending wheelchairs and strollers. In addition, please feel free to consult with the staff concerning lost property. The concierges will be happy to assist each and every customer with any inquiries.

There are a total of eight Information Counters at the airport which can be identified by the "?" signs. In North Terminal, two are on the first floor, three are on the second floor, and one is at the center of third floor. In South Terminal, two are on the second floor which is domestic departure lobby.

(1) Where most likely can customers find the notice?
    (A) On an airline company official website
    (B) On a hotel official website
    (C) On a department store official website
    (D) On an airport official website

(2) In what kind of situation, the customers may go to the counter?
    (A) When they want to borrow pushchairs
    (B) When they want to use observation decks
    (C) When they want to apply for the ground staff position
    (D) When they want to buy an airline ticket

(3) How many counters are there in North Terminal?
    (A) two
    (B) three
    (C) six
    (D) eight

16. Read the following e-mail, and fill in the blanks using the most suitable words (A)~(J) from the list given below.

Date: July 10th

Subject: Our Obon Holidays

Dear Ms. White,

Please be informed that all offices and plants in Japan (　①　) the Tokyo head office will be closed from August 11 to 16 (　②　) the Obon holidays. The Tokyo office will be closed from August 13 to 16.

If you have any urgent inquiries or problems during that time, please (　③　) us at tkomatsu@abctokyooffice.co.jp or ＋81(0)3-1234-5678.

We (　④　) for any (　⑤　) this may cause you, and thank you for your kind understanding.

Sincerely yours,
Takashi Komatsu

(A) except　　(B) inconvenient　　(C) apologize　　(D) appreciate　　(E) at
(F) because　　(G) contact　　(H) instead of　　(I) inconvenience　　(J) due to

---

17. 次の英単語に相当する日本語のカタカナ語を書きなさい。

　　〈例〉 image　　解答: イメージ

(1) license

(2) tissue

(3) influencer

(4) dessert

(5) vaccine

第62回
接客サービスマナー検定 1級/準1級

実施日：２０２３年１１月５日（日）
試験時間：８０分

注 意 事 項

A　この試験の問題用紙は10ページです。問題用紙の他に解答シートが1枚あります。
　　試験開始後すぐに、ページ数と解答シートがあるか確認してください。
　　※不足や違いがあるときは試験官にお知らせください。
B　解答は、全て別紙の解答シートに記入してください。
C　問題に関する質問は一切受け付けません。
D　不正行為があったときは、すべての解答が無効になります。
E　その他、試験官の指示に従ってください。

解答シート（別紙）記入方法

1．「受検地」「試験会場」を記入してください。
2．「受検番号」を記入してください。
3．「氏名」を漢字で記入し、カタカナで読み仮名を記入してください。
4．「年齢」「性別」「職業」を記入してください。
5．「２次試験希望日」は第二希望まで選び、第一希望には［1］を、
　　第二希望には［2］をマークしてください。

受検番号	氏 名

NPO法人 日本サービスマナー協会

1．アサーティブコミュニケーション（自分と相手の双方を尊重した自己表現）について、適切なものには〇を、適切でないものには×をつけなさい。

(1) 相手に伝えにくいことを伝える時、伝えにくいという気持ちが言葉や表情・口調から伝わると自信がない印象を与えるので、悟られないように気をつけた。

(2) 後輩に注意や指導をする時は、必要以上に相手を委縮させないために、笑顔を保つよう意識した。

(3) いつもメールを返信してくれない同僚に、「読んでもらえたか心配なので、一言返信があると助かります」と、Ⅰ（アイ）メッセージで伝えた。

(4) 書類のミスが目立つ部下を指導する時、まずは普段のチェック方法を確認したり、確認時間を十分に取ることができないなどの事情がないか、相手の状況や事情を聞いた。

(5) 自分よりベテランの部下が新しい作業手順を守らないので、「お気持ちはわかるのですが、みんなが困惑していますのでご協力お願いします」と、メンバーの気持ちを代弁してリクエストを伝えた。

2．慶事・弔事のマナーについて、適切なものには〇を、適切でないものには×をつけなさい。

(1) 香典を郵送する時は現金書留を利用し、現金を白無地の封筒に入れてから現金書留封筒に入れる。

(2) 葬儀の後に告別式がある場合は引き続き参列するが、出棺は特に親しい人でおこなうものなので、故人との関係が深くない場合は遠慮する。

(3) 結婚式の招待状の返信用はがきに「御芳名」「御住所」と印刷されている場合、それぞれ「御」の文字を二重線で消す。

(4) 慶事と弔事が重なってしまったら一般的に弔事を優先させるが、身内の不幸でなければ、時間が重ならない限り両方に出席してもかまわない。

(5) 金封を包む袱紗のうち、慶事・弔事共通で使用できるのは、紫色と緑色である。

3．ビジネスマナーについて、以下の問いに答えなさい。

(1) 名刺交換のマナーについて、適切なものを1つ選びなさい。

　(A) 名刺交換は立っておこなうのが原則で、応接室などでテーブルが間にある場合は、相手の正面に立って、テーブル越しに交換する。

　(B) 上司と一緒に訪問した場合、上司が先に交換し、その後自分が交換するが、その場合の名乗りは社名を省いてかまわない。

　(C) 名刺はお互いの立場や関係性にかかわらず、訪問した側が先に差し出すべきものである。

　(D) 複数人と交換した場合は相手の着席順に名刺を並べるが、2名から名刺を受け取った場合は、2枚とも自分の名刺入れの上にのせて机の上に置く。

(2) 急ぎの用件で取引先担当者に電話をする際のマナーについて、適切でないものを1つ選びなさい。

(A) 取引先に電話をかけ、名指し人が不在と言われたので「頂戴した名刺に〇〇様の携帯電話の番号が記載されているのですが、そちらにお電話しても差し支えないでしょうか」と確認した。

(B) 携帯電話に出た担当者に「〇〇の件でお電話しました。今、お話してもよろしいですか」と尋ねたら、「電車で移動中ですが、このまま話せます」と言われたので、内容詳細を伝えた。

(C) 携帯電話に何度かけても留守番電話にならないので、ショートメッセージ（SMS）で「〇〇社の〇〇です。SMSで失礼します。〇〇の件で急ぎお伝えしたいことがありご連絡しました。恐縮ですが、折り返しのご連絡をお願いできますでしょうか」と送信した。

(D) ショートメッセージ（SMS）は文字数が限られているが、メールと同様に、社名と名前、簡単な挨拶は省かずに書いた。

(3) 社内のオンライン会議でホスト役になった時のマナーとして、適切でないものを1つ選びなさい。

(A) 参加者がスムーズに参加できるよう準備をおこない、ミーティングのURL送付時期が早い場合は、数日前にリマインドメールでURLを再送すると親切である。

(B) パソコンだけでなく、タブレットやスマートフォンなどから入室する参加者がいる場合、資料の文字を大きくするなど、画面共有しても見やすい資料づくりを特に意識する。

(C) オンライン会議は発言時にミュートを外したり、回線が不安定な人がいるなど、思わぬところで時間を取る可能性があるので、進行は対面時よりも時間に余裕を持つ。

(D) オンライン会議は唐突に終了する印象があるため、議題を終えた後は少し雑談し、必ず全員が退室するのを待ってからミーティングを閉じる。

4. お客様応対や接遇について、以下の問いに答えなさい。

(1) 接遇に関連する用語について、適切でないものを1つ選びなさい。

(A) ＣＳ（Customer Satisfaction 顧客満足）とは、お客様の期待を適切に満たす商品やサービスの提供により、お客様が満足していることである。

(B) ＣＤ（Customer Delight 顧客感動）とは、お客様の期待を超える商品やサービス提供により、お客様に予想外の感動を与えることである。

(C) ＣＸ（Customer Experience 顧客体験価値）とは、お客様が商品・サービスから得る体験や経験のことで、感情・心理的な価値を重視した指標である。

(D) ＥＳ（Employee Satisfaction 従業員満足）とは、給与、福利厚生の待遇面における従業員の満足度を表す指標である。

(2) 立居振舞について、最も適切なものを1つ選びなさい。
- (A) 物は両手で受け渡しするのが望ましく、ペンを渡す時は、横向きにして両手で持って渡すと丁寧な印象を与える。
- (B) 指1本やペンなどを使って方向や書類を指し示すのはぞんざいな印象なので、指を揃えて手のひら全体で、お客様と終始視線を合わせながら指し示す。
- (C) お客様とコミュニケーションを取るうえで空間管理は重要で、たとえばお客様の正面に立つと威圧感を与えるので、謝罪の時は斜め45度の位置で応対すると謙虚さを表せる。
- (D) パーソナルスペースとは他人に近付かれると不快に感じる空間のことで、お客様と違和感なくコミュニケーションを取るための距離は75cm〜120cmである。

(3) 高齢のお客様や患者様・利用者様とのコミュニケーションについて、適切でないものを1つ選びなさい。
- (A) 「もうすぐお昼ですから、そろそろお手洗いに行って、入れ歯をつけてからお食事に行きましょう」など、全体のイメージが描けるような話し方が効果的である。
- (B) 高齢になると高音域が聞き取りにくくなる傾向があるので、通常より声のトーンを低めに、ゆっくりと話すのが効果的である。
- (C) 安心感を与えるためのスキンシップも大切だが、驚かせないように、なるべくその人の視界に入ってから身体に触れるよう意識する。
- (D) 言葉がすぐに出てこない人も多いので、沈黙も会話の一部と捉え、その人のペースに合わせて待つことが重要である。

(4) クレーム対応について、適切でないものを1つ選びなさい。
- (A) 感情的なお客様に追い詰められた応対者は判断を誤ることも多いので、大事な交渉はその場で結論を出さず、時間の猶予を願い出るのが望ましい。
- (B) 対応のブレを防ぐためにも、最後まで同じ応対者が、じっくりとお客様との信頼関係を築くことが重要である。
- (C) たとえ乱暴な口調のお客様でも最初から悪質なクレーマーと決めつけず、まずは十分に話を聴き、（何があって）何に困っているか、何を求めているかの把握に努める。
- (D) 興奮して大声を出すお客様を別室に誘導するのは、周囲のお客様への配慮だけでなく、クレームを言うお客様を落ち着かせる効果もある。

(5) カスタマーハラスメント（カスハラ）について、適切でないものを1つ選びなさい。
- (A) 厚生労働省が提示したカスハラの基準として、①要求内容に妥当性はあるか、②要求を実現するための手段が社会通念に照らして相当かの2点がある。
- (B) カスハラに発展させないコミュニケーションには、復唱や要約、質問などの聴くスキル、相手に配慮しながらこちらの立場を伝えるスキルが求められる。
- (C) カスハラは法律違反にあたる場合もあり、土下座を強要するのは「威力業務妨害罪」、引き取りを求めても正当な理由なく居座るのは「不退去罪」に該当する可能性がある。
- (D) 執拗に人格否定の言葉を言われた場合、真正面から受け取る必要はなく、（揺さぶりをかけて不当要求する手法なのか）など客観的に受け流すことも大切である。

5. 言葉遣いについて、以下の問いに答えなさい。

(1) 社外からの電話応対における言葉遣いとして、適切でないものを 1 つ選びなさい。

(A) 恐れ入りますが、少々お電話が遠いようです。今一度おっしゃっていただけますか。

(B) 田中はあいにく外出中で、本日は戻らない予定でございます。いかがいたしましょうか。

(C) ご予約を承ります。まず、お客様のお名前を教えていただけますか。

(D) 担当の者にお繋ぎします。恐れ入りますが、詳しくはその者に伺っていただけますか。

(2) 取引先訪問に関する言葉遣いとして、最も適切なものを 1 つ選びなさい。

(A) 明日は部下を同行して御社に伺う予定です。

(B) 明日は部下を帯同して御社に参る予定です。

(C) 新入社員に任せるのは不安なので、A 社訪問に随行することになりました。

(D) 私が新規担当することになった A 社訪問の際、先輩にご同行いただけませんでしょうか。

(3) お客様に対する言葉遣いとして、最も適切なものを 1 つ選びなさい。

(A) こちらの商品は 1 時間ほど冷やすと、美味しくいただけます。

(B) ただいま到着の電車は当駅止まりです。ご乗車になられませんようご注意ください。

(C) 田中様でございますね、お待ちしておりました。

(D) こちらの商品は、お求めになりやすい価格に変更いたしました。

(4) 恩師の著書をもらったお礼状の言葉遣いとして、最も適切なものを 1 つ選びなさい。

(A) このたびは貴著のご恵投にあずかり、誠にありがとうございます。

(B) このたびは貴著をご笑納くださり、誠にありがとうございます。

(C) このたびは小著をご恵贈くださり、誠にありがとうございます。

(D) このたびは小著をご恵与たまわり、誠にありがとうございます。

(5) 患者様への言葉遣いとして、最も適切なものを 1 つ選びなさい。

(A) まもなく主治医の先生が説明にいらっしゃいますので、少々お待ちいただけますか。

(B) 痛みがある時は我慢なさらず、お気兼ねなくお知らせください。

(C) こちらが手術着になりますので、着替えていただけますか。

(D) 明日は検査ですが、朝食はいつも通り召し上がられても問題ありません。

6. ＰＤＣＡサイクルについて、（　　）に当てはまる語句を書きなさい。
　　※（1）（4）は英単語、（2）（3）（5）は漢字です。

　・P＝（（1)）＝計画
　・D＝　　Do　＝（（2)）
　・C＝　Check　＝（（3)）
　・A＝（（4)）＝（（5)）

7. ビジネス文書に関する言葉で、〇にあてはまる漢字を解答シートに書きなさい。

(1)「〇〇」：最も一般的に使用される頭語
(2)「時〇」：オールシーズン使用できる時候の挨拶、「この頃」「今現在」という意味
(3)「〇辞」：前文から主文への導入の言葉、「さて」「ところで」など
(4)「倍〇」：今まで以上（使用例：倍〇のご指導のほどお願い申し上げます）
(5)「〇収」：内容をよく確認して受け取ること（使用例：見積書をご〇収ください）

8. 以下の文の（　　）や「　　」に当てはまる最も適切な語句を、(A)～(L)の中から選びなさい。

ビジネスのグローバル化や（（1)）に伴い、属性や価値観の異なる人とともに働くケースが増えてきている。そこで、相手の立場や意見を尊重しつつ、自分の主張を正確に伝える表現方法として、アサーティブコミュニケーションが重要視されている。その実践により、社内コミュニケーションが活発になり、良好な人間関係の構築に繋がることが期待される。
このコミュニケーションにおいて、以下の4つが重要な柱とされる。
　①　自分に対しても相手に対しても嘘をつかず、誠実さを貫くこと。
　②（（2)）な言い回しを避け、（（3)）に伝えること。
　③　自分と相手の立場の違いや力関係に左右されることなく、対等な関係で意見を交換すること。
　④　伝えた結果、伝えなかった結果は（（4)）と考えること。
また、このコミュニケーションの表現方法の1つとして（（5)）法があるが、これは「描写」「表現」「（6)」「選択」の4段階で自己主張をする組み立てる方法である。

> (A) ロジカル　　(B) 断定的　　(C) DX 推進　　(D) 婉曲的　　(E) 提案
> (F) DESC　　(G) 率直　　(H) ダイバーシティ　　(I) DENC　　(J) 交渉
> (K) ファシリテート　　(L) 自己責任

-111-

9. (1)～(5)は会席料理の献立である。呼称の組み合わせとして、最も適切なものを(A)～(G)の
中から選びなさい。

(1) 前菜
(2) 酢の物
(3) 刺身
(4) 漬物
(5) 味噌汁

| (A) 多喜合 | (B) 香物 | (C) 向付 | (D) 強肴 |
| (E) 止(留)め椀 | (F) 通し肴 | (G) 鉢肴 | |

10. 雑貨店に勤務する A の商品の取り扱いについて、最も適切なものを1つ選びなさい。
(A) お客様から「12/25 を過ぎたが、お歳暮として贈っても失礼はないか」と相談されたので、急
ぎでなければ「御年賀」や「寒中見舞い」として年が明けて贈るのはどうかと提案した。
(B) ラッピングを依頼されたら、男の子用の贈り物はブルー系、女の子用はピンク系、シニア向
けは落ち着いた無地など、商品のイメージに合わせた包装紙を選択する。
(C) 慶事の場合は左の包装紙が上になるように、弔事の場合は右の包装紙が上になるように重ね
合わせる。
(D) 自宅用の商品でも、丁重かつ華やかな包装をサービスし、お客様への気遣いをあらわす。

11. シティホテルのフロントスタッフ A の応対として、適切でないものを1つ選びなさい。
(A) チェックイン手続きで混雑している時に外線の電話がかかってきたが、自身を含めスタッフ
が全員応対中で手が離せない状態だったので、やむを得ず電話は鳴らしたままにしておいた。
(B) チェックアウトのお客様に「空調の効きがイマイチだった以外は満点のホテル！ありがとう」
と笑顔で言われたので、「ご利用ありがとうございます。空調は確認しておきます。恐れ入り
ます」とお礼を述べた。
(C) 小さなお子様連れのお客様に近隣の飲食店を教えてほしいと言われたので、お客様の料理の
好みを尋ねながらいくつか紹介するとともに、「お子様もご一緒でしたらルームサービスでゆ
っくりされるのもおすすめです」とルームサービス 10％割引券を渡した。
(D) 初めての宿泊というお客様に「ご利用回数に応じて様々な特典を受けられる、お得な会員カ
ードがございます。よろしければ詳しくご案内いたしましょうか」と提案した。

12. Aは居酒屋チェーン店の店長である。酔って大声を上げたり、壁を叩いて大きな音を出すなど周囲に迷惑をかけているお客様にスタッフが注意すると、怒って「責任者を出せ」と言われたとのことで、直ちに対応にあたった。Aの応対として、適切でないものを1つ選びなさい。

(A) 最高責任者である社長を出せと言われたので、「当店の責任者は私です。私が最後までお客様のお話を伺います」ときっぱり伝えた。

(B) 注意してきた店員に偉そうだと文句を言ったのに、その店員が詫びなかったのはけしからんと言われたので、「お客様にご不快な思いをさせてしまったことをまずお詫びすべきでした。指導が行き届かず申し訳ございません」と、スタッフがすぐに謝罪をしなかった点を丁寧に詫びた。

(C) 不快な思いをさせたのだから料金はタダにしろと言われたので、「料金はお客様が召し上がったお料理分でございます。恐れ入りますがお支払いをお願いいたします」と伝えた。

(D) どのような楽しみ方をしても客の自由なのに注意するのはおかしいと言われたので、「お客様のおっしゃる通り、こちらが口を出すことではございません。お楽しみの時間をお邪魔してしまい誠に申し訳ございません」と、誠意をこめて詫びた。

13. Aがインストラクターとして勤務するスポーツジムに、男性のお客様が体験で初来店した。お客様は「お腹周りを引き締めたい」と強い希望を持っている。お腹引き締めに効果的なマシンを順番に紹介しようとしたところ、お客様はほかのマシンに興味津々で、「あれが痩せそうだ、使い方を説明してほしい」と目移りしている。Aの応対として、最も適切なものを1つ選びなさい。

(A) 体験のお客様には、とにかくジムを楽しいと思ってもらうことが第一である。「承知しました。せっかくですから、本日はお客様の気になるマシンを全て試してみましょう」と対応した。

(B) 成果を実感できるプログラムの提案がインストラクターの役割で、お客様満足にもつながる。「まずはお客様に最適なトレーニングを実践しましょう。そのうえでお時間が許せば、ご希望のマシンもご紹介しますのでご安心ください」と対応した。

(C) 体験のお客様には、効果的なプログラム実践での動機付けが必要である。「まずご希望のマシンを試してみましょう。その後、目標達成に最適なプログラムをご紹介してもよろしいですか」と対応した。

(D) インストラクターの役割は、お客様の目的を果たすことである。「興味が湧きますよね」と共感姿勢を示したうえで、「今まで自己流のダイエットがうまくいかなかったのはなぜでしょう」と、お客様に考えさせて素早く本来の目的に移行できるようよう対応した。

14. 次の各場面において、(　　　)に入る最も適切なものを1つ選びなさい。

(1) <高級ブランド店にて>

お客様：このバッグの他の色を見せていただけますか。

スタッフ：かしこまりました、お客様。白と赤とブルーがございます。すぐにお持ちいたします。

Customer: Could you show me this bag in different colors?

Staff: (　　　) ma'am. We have white, red and blue. I'll bring them right now.

(A) Sincerely　　(B) Sure　　(C) Definitely　　(D) Certainly

(2) <クリニックにて>

こちらの問診表に記入してください。

Please (　　　) this medical (　　　).

(A) fill on / enquete　　　　(B) fill out / enquete

(C) fill on / questionnaire　　(D) fill out / questionnaire

(3) お客様のご期待に添えず、申し訳ございませんでした。

We (　　　) if we did not (　　　) your expectations.

(A) appreciate / match　　(B) apologize / meet

(C) appreciate / exceed　　(D) apologize / see

(4) <機内アナウンス>

ご搭乗のお客様にご案内いたします。

大変恐れ入りますが、現在の大雪のため、当機の出発が遅れる見込みでございます。

Attention all passengers, we regret to inform you that our departure will be delayed (　　　) the heavy snowstorm we are currently experiencing.

(A) due to　　(B) because　　(C) instead of　　(D) despite

(5) <転職の採用面接での質問>

現在のお仕事を退職されるのに、どのくらいの（事前通知）期間が必要ですか。

How much (　　　) period would you require to resign from your current job?

(A) announce　　(B) notice　　(C) inform　　(D) prepare

15. 次の英文について、最も適切なものを1つ選びなさい。

A：Thank you for calling ABC Travel Clinic. How may I help you?

B：Hello, my name is Daniel Martinez. I'm going on a business trip to Hong Kong in
　　December, and I need to get some vaccinations before leaving Japan. Do you have any
　　appointments available next week?

A：Of course, Mr. Martinez. I'll check that right away.
　　Well…, it looks like several openings next Wednesday. Would 5 P.M. work for you?

B：I'm sorry, but I have a department meeting until 5 o'clock on Wednesdays.

A：Then, how about 5:30? Could you make it here by that time?

B：That works perfectly for me. Thank you for your help and see you then.

(1) Where does A work?

　(A) at a hair salon

　(B) at a travel agency

　(C) at an accounting firm

　(D) at a medical facility

(2) According to B, what will he do in December?

　(A) B will enter the hospital

　(B) B will publish a travel guide

　(C) B will take a holiday overseas

　(D) B will make a business trip

(3) Why did B say, "I have a department meeting until 5 o'clock on Wednesdays."?

　(A) Because B needs a later appointment.

　(B) Because B has to prepare for the meeting.

　(C) Because B can't make it on Wednesdays.

　(D) Because B will be departing early for a conference.

16. Read the following e-mail, and fill in the blanks using the most suitable words (A)〜(J) from the list given below.

   (選択肢について、文中では大文字となる単語もすべて1文字目は小文字に統一しています)

Date: Nov 7th

Subject: (①) for Today's Product Development Discussion

Dear Ms. Williams,

I would like to take a (②) to thank you for meeting with us today to discuss our joint product development.

We highly regard the excellent information and valuable ideas you gave us today. We believe it was a very (③) discussion and we took a successful first step toward the goal.

We are looking (④) to our next meeting (⑤) two weeks and continuing our collaboration. Thank you again for your contributions.

Best regards,
Nana Yoshikawa

(A) appreciation   (B) forward   (C) cooperation   (D) apology   (E) in
(F) appreciate   (G) moment   (H) for   (I) against   (J) fruitful

---

17. 次の英単語に相当する日本語のカタカナ語を書きなさい。

   〈例〉 image   解答：イメージ

(1) theme
(2) strategy
(3) virtual
(4) jewelry
(5) lasagna

第 59 回接客サービスマナー検定　3 級

【解答と解説】

1. (1) (C) 取り次ぐ相手が隣にいたとしても、必ず保留操作が必要です。通話口を手で押さえても相手に声が漏れ聞こえており、失礼です。

(2) (B) (A)電話は声だけのコミュニケーションなので、伝言を承る際には細心の注意が必要です。間違いや聞き漏れがないように必ず復唱し、伝言メモに残します。また、名指し人が帰社したら、伝言を預かった旨を口頭でも伝えるようにします。(C)社外の人からの電話で名指し人が不在の場合、帰社予定時間は伝えますが、具体的な出先については伝えないのが基本です。

(3) (B) 電話は相手の姿が見えないため、声だけが頼りです。そのため、理由の分からない保留はお客様に不安を与えてしまいます。一般的な保留のマナーは、①保留理由を伝える　②お客様の了承をいただく　③保留解除後のお詫びの 3 点です。

(4) (C) (A)電話中、利き手はメモを取るために筆記具を持ちます。受話器は、利き手と反対の手で取るようにします。(B)「電話だから姿は見えない」と思いがちですが、声にも気持ちや応対姿勢は反映されます。受話器を首や肩に挟んで応対したり、何か他の作業をしながら片手間に電話の応対をしたりしていると、相手にも顕著に伝わってしまいます。電話応対時の表情や姿勢は、声に乗って相手に届くことを意識しましょう。

(5) (A) (B) 間違いを防ぐため、必ず復唱をおこないます。内容を把握できているかどうかは自己判断できることではありません。復唱することで、お互いが安心できます。(C) 内容が多く要点が掴みづらい場合は、用件の内容を復唱して聞き漏れがないか、やりとりの内容に誤解がないかを確認します。

2. (1) × 企業の繁栄を祝福する言葉は「ご発展」「ご隆盛」「ご繁栄」などを用います。相手が個人の場合、「ご清祥」を用います。

(2) ○ ビジネス文書の目的は、必要な情報を正確に伝えること、内容を証拠として残すこと、(場合によっては) 法的な効力を持たせることです。

(3) × 礼状や詫び状など格式を重んじる場合は、直筆・縦書きの手紙を送ることが最も礼儀正しいマナーです。

(4) × 「早春の候」は 3 月の時候の挨拶です。2 月の時候の挨拶は「春寒の候」「立春の候」などがあります。

(5) ○ 社内文書では内容と効率が重視されるため、過度の敬語は必要なく、「です」「ます」調の文体で要点がすぐに伝わるように書きます。

3. (1) (A) (B) 食事の途中はナイフ、フォークを八の字に広げて置き、食べ終わったら2本揃えて置きます。どちらもナイフの刃を人に向けないようにし、フォークは、食事中には下向き、食事終了の際は上向きにします。(C) ステーキは、左から一口大に切りながら食べ進めていきます。最初にすべてを一口大に切り分ける食べ方を許容している国も一部ありますが、冷めやすくなり本来のおいしさが損なわれてしまうので避けましょう。

(2) (A) わさびを醤油に溶いてしまうと、刺身もわさびも本来の風味が生かされなくなるので、刺身にわさびをのせ、醤油をつけて食べます。醤油の小皿や天ぷらのつゆの器は、手に持って食べてかまいません。

4. (1) ○ 第一印象は視覚、聴覚、言語の3つの情報のうち、「視覚」が最も大きく影響します。身だしなみ、表情、立居振舞いなど目から入る情報＝「視覚」には十分気を配る必要があります。次いで影響するのが「聴覚」なので、声の大きさ、トーン、話し方の癖などにも注意を払いましょう。

(2) × 第一印象でお客様の嗜好などはある程度想像がつくかもしれませんが、それに捉われてしまうと、思い込みによる接客になってしまいます。お客様をよく観察し、話を聴き、的確な質問をするなどのコミュニケーションによって、お客様のご要望に沿った接客ができます。

(3) × 平等性や公平性を重視し、マニュアルに沿って平均、安定的なサービスを提供することは重要ですが、ホスピタリティ実践のためには、時にはマニュアルを超えて顧客ひとりひとりのニーズに沿った柔軟な対応が必要です。

(4) ○ お客様の3つの心理は①歓迎されたい心理、②独占したい心理、③感謝されたい心理です。「いらっしゃいませ」や「ありがとうございました」などの挨拶は言葉だけでなく、表情や声のトーンなど全身で表現しましょう。応対中は目の前のお客様に集中しますが、他のお客様への配慮も必要です。お客様を「大勢のお客様のうちのひとり」と考えるのではなく、「大切なひとりのお客様」として認識することで、お客様の心理を満たす接客が実現します。

(5) × たとえ口元は隠れていても、目元で笑顔は伝わります。また、口角を上げることで目元も優しい印象に変わります。マスクを着用して接客をすることが増えていますが、表情がはっきりと見えないからこそ意識をして口角を上げ、明るい笑顔を作りましょう。

5. (1) (C) (A) カラーシャツや柄シャツを着用しても問題ありませんが、あまりにも華美なものは避けます。(B) 腕時計は、着用してかまいません。一般的にスポーツ仕様の時計は、ビジネスシーンでは控えた方が良いでしょう。臭いは、目に見えませんが相手を不快にさせる要素が強いです。汗やたばこの臭いを香水や制汗デオドラントで抑え、不快な臭いをさせないように心がけます。

(2) (B) 美しい所作は、「相手はどんな印象をもつだろう」という客観的な視点を常に意識することが大切です。(A)地図や書面上の細かい部分であっても、指一本やペンなど手に持っているもので指さないよう注意しましょう。指先を揃えて手のひらを見せて指し示します。(C)物の授受は、基本的に両手でおこないます。指を揃えることを意識すると美しく見えます。

(3) (C) (A)相手が悲しみに沈んでいるときなど、状況によって笑顔がふさわしくない場合もあります。(B)表情は言葉以上にホスピタリティを伝えることができます。単に「ありがとう」と言っても、表情が堅いとホスピタリティは伝わりません。心を込めて、相手の状況に合わせた表情で言葉を添えると良いでしょう。

6.(1) (B) (A)「お持ちいたす」は、「お〜いたす」の謙譲表現ですので、お客様(患者様)に対する言葉遣いとして適切ではありません。(C)「お持ちになられる」は、「持つ」の尊敬語「お持ちになる」に「れる・られる」の尊敬表現を重ねた二重敬語です。

(2) (C) (A)「お入りになられる」は、「入る」の尊敬語「お入りになる」＋「れる・られる」の二重敬語です。(B)「おつけしていただけますか」の「おつけする」は謙譲表現ですので、お客様に対して使うのは適切ではありません。

(3) (B) (A)「拝見させていただく」は、「見る」の謙譲語「拝見する」に謙譲表現の「させていただく」を重ねた二重敬語です。(B)「拝見しました」(C)「拝見いたしました」は、どちらも適切な表現です。(C)「お送りする」は謙譲表現ですので、相手の行為に「お送りして」と言うのは、適切ではありません。

(4) (C) (A)「チーズハンバーグセットのお客様」と言うと、「お客様」＝「チーズハンバーグセット」のように聞こえてしまい、失礼にあたります。(B)「いたす」は「する」の謙譲語なので、お客様に対して使うのは適切ではありません。

(5) (B) (A)「承らせていただく」は「受ける」の謙譲語「承る」＋「させていただく」の二重敬語です。(C)「お受けさせていただく」は、「受ける」の謙譲語「お受けする」＋「させていただく」の二重敬語です。

7. (1) そうさい (2) かたよ（る） (3) ちせつ (4) しょうち (5) きんけい

8.(1) (F) 韓国語：カムサハムニダ
 (2) (E) アラビア語：シュクラン
 (3) (C) 中国語：シェイシェイ
 (4) (A) フランス語：メルシー
 (5) (H) ベトナム語：カムオン

（B）ポルトガル語：オブリガード（男性）　※　女性は「オブリガーダ」を使う

（D）インドネシア語：テリマカシー

（G）ドイツ語：ダンケ

※　選択肢は、すべて「ありがとうございます」にあたる表現です。

9. （A）（B）応対中のお客様を優先します。仮に電話が長引いてしまった場合、応対中のお客様を長時間お待たせしてしまうことになりますので失礼です。（C）宿泊者との関係など確認する必要はありません。部屋番号を聞かれたら、宿泊者と連絡を取ってご本人に確認してから伝えるのが一般的な応対です。

10. （C）親しみやすさは、必要不可欠なサービスマインドのひとつです。地域性や病院の形態、患者様の人柄によってスタッフと患者様との距離の取りかたは様々ですが、言葉遣いを指摘されたのであれば、丁寧で適切な言葉遣いを意識し、抑揚や表情、身振り手振りや動作で親しみやすさを表現しましょう。近すぎず、心地良い距離感での接遇が求められます。

11. （A）（B）「後悔することになったら遅い」と不安感をあおるような言い方は適切ではありません。お客様の気持を尊重し、「慎重になりますよね。ただ、こちらは大変人気のある物件なので、他の方がすぐに契約してしまうかもしれません。もしご希望であれば、なるべくお早めのご決断をおすすめします」など、共感を示す話し方が求められます。また、予算以外にも気になっていることがないかなど、お客様の懸念点はすべて聞き出し、不安を解消するよう努めましょう。（C）お客様の好みを知ったうえで、あえてお客様の好きなブランド物を身に着けることで話が弾むなど、プラスに作用する可能性もありますが、明らかに目立つブランド物を好まない方も多くいらっしゃいます。自己顕示欲が強い印象を与えてしまい、「この担当者に任せて大丈夫だろうか」と不信感を持つお客様もいるでしょう。基本的には、相手に不快感を与えないシンプルでビジネスシーンにふさわしい服装を意識し、事前に情報があれば、お客様に合わせた装いを取り入れるとよいでしょう。

12. （B）（A）他のお客様の前で、ひとりのお客様を特別扱いすることはふさわしくありません。そのような不適切な接客を見て、不満に思うお客様がいるかもしれません。また、優遇されたお客様本人も、そのような特別扱いを望んでいないこともあるでしょう。お客様には公平に接するのが基本です。（C）有名人であってもお店にとって、ひとりのお客様であることに変わりはありません。ニーズを察して要望に沿ったサービスを提供するホスピタリティは大切ですが、お客様によって丁寧度や接客の時間を変えるなどの特別な対応はすべきではありません。また、仮にお店に関する高評価を SNS で発信してもらえたとしても、それを見て来店した他のお客様からも「特別なサービス」を求められてしまう可能性もあるので、細心の注意が必要です。

13. (B) (A)別のお菓子 2 つを持っているという状況だけで、どちらを買うか迷っていると決めつけてしまうのは適切ではありません。アレルギーや宗教上の理由から原材料を気にしている可能性もありますので、お客様のニーズを正確に把握したうえで、商品のご案内をする必要があります。(C) イスラム教のお客様は、宗教上の理由からアルコール類を口にすることはできません。みりんやお醤油などの調味料も含みますので、案内には十分な注意が必要です。

14. (1) (B) purpose 「目的」という意味です。この「目的」は、〈理由〉〈意図〉といったニュアンスを含みます。(A) goal にも「目標、目的」という意味がありますが、「努力が必要な将来の目標や目的」というニュアンスなので、ここでは意味が合いません。(C) transit 「乗り継ぎ」 (D) plan「計画」が主な意味です。

(2) (C) look「見る」という意味の動詞で、look for〜「〜を探す」というフレーズです。look だけでなく、(A) watch (B) see も「見る」という意味ですが、look は「理由があって意識的に見る」、watch は「(スポーツ観戦やバードウォッチングなど)集中して意識的に見る」、see は「無意識的に視界に入るものを見る」というようなニュアンスの違いがあります。(D) search「〜を捜す、捜索する」という意味です。

(3) (D) available 人が主語のときには「都合がつく」という意味で使います。(A) reasonable, (B) affordable どちらも「(値段が) 手ごろな」、(C)comfortable「快適な」が主な意味です。

(4) (D) "pay in cash" で「現金で払う」という意味です。「現金で」は "in cash" が最も広く使われる表現ですが、他に "with cash" と "with" を使うこともできます。「クレジットカードで」は "by credit card" がいちばん広く使われる表現ですが、他に "with credit card" と "with" を使うこともできます。

(5) (D) cooperation「協力」という意味の名詞です。スペルが似ていますが、(A) corporation は「企業、法人」という名詞、(B) corporate「企業の、法人の」という形容詞、(C) cooperate「協力する」という動詞です。

15. (1) ボタン　　(2) サラリー　　(3) ナイフ　　(4) マシーン　　(5) スーツ

第60回接客サービスマナー検定　3級

【解答と解説】

1. (1) (C) (A) 表情は言葉以上にホスピタリティを伝えることができます。単に「ありがとう」と言っても、表情が堅いとホスピタリティは伝わりません。心を込めて、相手の状況に合わせた表情で言葉を添えると良いでしょう。(B) 相手が悲しみに沈んでいるときなど、状況によって笑顔がふさわしくない場合もあります。状況をしっかりと見たうえで、相手の立場に立って考える姿勢が大切です。

(2) (B) 美しい所作は、「相手はどんな印象を持つだろう」という客観的な視点を常に意識することが大切です。(A)地図や書面上の細かい部分であっても、指一本やペンなど手に持っているもので指さないよう注意しましょう。(C)物の授受は、必ず両手で行います。その際に、指を揃えることを意識すると美しく見えます。

(3) (A) (B) カラーシャツや柄シャツを着用しても問題ありませんが、あまりにも華美なものは避けましょう。(C) 腕時計は、着用してかまいません。一般的にスポーツ仕様の時計は、ビジネスシーンでは控えたほうが良いでしょう。臭いは、目に見えませんが相手を不快にさせる要素が強いので、汗やたばこの臭いを香水や制汗デオドラントで抑え、不快な臭いをさせないように心がけます。

(4) (C) (A)お客様の状況を考慮することは必要ですが、挨拶やお声がけをしないのは適切ではありません。(B)挨拶は接遇者個人の気持ちの浮き沈みで変えるものではありません。

(5) (B) 廊下で人とすれ違う際は、上体を約15度傾ける軽いお辞儀「会釈」をします。お辞儀の始めと終わりは相手に視線を合わせ、首だけを曲げないように腰・背筋・首筋を一直線にして、腰から上体を倒します。(C)同時礼をする際には、お辞儀の始めと終わりにしっかりと相手に視線を合わせるようにします。

2. (1) ×　訪問先では建物に入る前にコート、帽子、マフラーなどを脱ぎ、身だしなみを整えてから受付に向かいます。

(2) ×　上座を勧められたら、断らずに勧められた席(上座)に座って待ちます。

(3) ○　辞去のきっかけは、タイミングを図りながら訪問した側から切り出します。訪問された側は、なかなか帰ってほしいとは言い出しにくいものです。相手の状況をよく見ながら、無意味な長居はしないようにします。

(4) ×　風呂敷には、外のほこりが付いていると考え、品物のみを渡します。

(5) ○　お見送りを途中で辞退する配慮を示したうえで、お辞儀をして退去します。

3. (1) (B) (A)電話は3コール以内に出るのが望ましいです。4コール以上鳴ってから電話に出る場合は、かならず「お待たせいたしました」とひとこと添えましょう。また、話の要点は相手の話を最後まで聞いてから、全体の内容を復唱して確認します。(C)はじめて話す相手であっても、会社を代表して「いつも大変お世話になっております」と挨拶します。

(2) (B) 最後に電話の内容を要約したうえで、他に何か聞きたいことはないかを必ず確認します。(A)電話を切る際は、「名乗り」・「確認」・「感謝」の3点を入れると、好印象です。(C)最後に名乗ることで「責任をもって応対しました」という誠意が伝わり、信頼度が高まります。

4. (1) × 質問内容を把握しないまま曖昧な対応をとってしまうと、大きな誤解や間違いにつながる可能性があります。質問が聞き取れなかったりわからなかったりする場合にはそのことを伝え、身振り手振りを交えてでもしっかりとコミュニケーションを取るようにしましょう。

(2) ○ イスラム教のお客様は、宗教上の理由からアルコール類を口にすることはできません。飲み物だけではなく、料理、デザート、お菓子などにもお酒が使われているものはたくさんありますので、提供する際には注意しましょう。

(3) × タイやインドネシアなどの東南アジアでは、頭は精霊が宿る神聖な場所とされており、人の頭を触ったりなでたりすることはタブーとされています。

(4) × お客様のニーズを把握するために状況を観察することは大切ですが、見た目や言語から勝手に国籍を決めつけてしまうのは適切ではありません。また同じ中国語圏でも、中国本土、香港、台湾などにはそれぞれ文化や習慣の違いも多く、一括りにされることを好まないお客様も多くいらっしゃいますので十分に注意しましょう。

(5) × 「察する」文化が根付き、遠回しな表現を好む日本と比較すると、外国人のお客様には、はっきりと言葉にして説明したり、お願いをしたり、といったコミュニケーションがより適切です。ただし、必要以上に強い口調で伝える必要はなく、またルールを押し付けるような言い方は、接遇者として適切ではありません。文化、習慣、価値観が違うことを十分配慮し、何かお願いをする場合は、理由を明確にし、クッション言葉を使用して丁寧に伝えましょう。

5. (1) (C) (A)テーブルがある場合は、回り込んで相手の正面に立って名刺を差し出します。スペースが狭く、やむを得ない場合は「テーブル越しに申し訳ございません」とひとこと添えます。(B)折れや汚れがつかないよう、名刺は必ず名刺入れに入れて持ち運びます。財布や定期入れを代用したり、スーツのポケットやバッグに直接入れたりすることは避けましょう。

(2) (B)　(A)相手側の上位の方から順に交換をします。上司が取引先の部長、課長の順で交換を終えた後に、自分も取引先の部長、課長の順で交換をします。(C)上司と一緒に訪問した取引先で名刺交換をする場合は、上司から先に交換するのを待って、自分も後に続きます。

(3) (A)　名刺を収めるタイミングは、基本的には相手の名前や役職を覚えるまでです。複数人からいただいた名刺は、商談中は座席順に並べて、名前や役職を間違えないように会話をします。あまりにすぐしまってしまうと、「早く話を終わらせたい」という印象を与えかねませんので注意しましょう。ただし、テーブルの上に多くの資料を広げなければならないようなときには、ひとこと断りを入れてから名刺入れに収めてもかまいません。(B)立ち話の際に受け取った名刺は、可能な場合は、名刺入れの上に置き胸の高さで持っておくと好印象です。ただし、飲食を伴う場では「汚してしまうといけないので、失礼いたします」とひとこと添えてからしまうと良いでしょう。(C)基本的に、相手の前で自ら名刺に何かを書くことは避けますが、相手から教えていただいた追加情報を、断りを入れて書き込むことは失礼にはあたりません。

6. (1) (C)　(A)「お戻りになられる」は「戻る」の尊敬語「お戻りになる」＋「れる・られる」の二重敬語ですので、適切ではありません。(B)「でしたでしょうか」と過去形にする必要はなく、「ご予定でしょうか」が正解です。

(2) (B)　(A)「お問い合わせになられる」は、「お問い合わせになる」＋「れる・られる」の二重敬語なので、適切ではありません。(C)「お問い合わせしてください」の「お問い合わせする」は謙譲表現ですので、お客様に対して使うのは適切ではありません。

(3) (A)　(B)「いたす」は「する」の謙譲語です。(C)「ほう」は方向を指す、または「AとBのうち、Aのほう」という意味で使用しますので、問題文の「ほう」は不要です。「お吸いになられる」は、「お吸いになる」＋「れる・られる」の二重敬語ですので、適切ではありません。

(4) (A)　(B)「ご検討される」は「ご〜する」という謙譲表現に、尊敬語の「れる・られる」を混同した間違い表現です。(C)「ご検討になられる」は、「ご検討になる」＋「れる・られる」の二重敬語です。

(5) (C)　(A)「お持ち帰りできません」の「お〜できる」は自分が「〜することができる」と言う場合の謙譲表現です。お客様に使うのは適切ではありません。　(B)「お持ち帰りになられる」は、「お持ち帰りになる」＋「れる・られる」の二重敬語です。また、「すみませんが」は軽い印象を与えてしまう恐れもあるので、丁寧な謝罪の場面では、(A)「恐れ入りますが」(C)「申し訳ございませんが」という表現がより適切です。

7. (1) かくりょう　　(2) えいてん　　(3) はんぼう　　(4) いつく（しむ）　　(5) ほてん

8. (1) (E) Electronic Commerce　電子商取引

(2) (G) Digital Transformation　デジタル・トランスフォーメーション（デジタル変革）

(3) (H) Employee Satisfaction　従業員満足

(4) (A) Sustainable Development Goals　持続可能な開発目標

(5) (B) Financial Independence, Retire Early　経済的自立と早期リタイア

9. (C)　(A)ビジネスバッグは、外に持ち歩き場合によっては地面に置くこともあるため、「バッグの底は汚れている」という考え方が一般的です。いすの上に置くのは失礼にあたりますので、足元に置きます。ただし、小さなハンドバックなどであれば、いすの横や背中側に置いてかまいません。(B)ビジネスシーンでは、標準語を使用するのが基本ですが、絶対に使わなければならない決まりはありません。同じ地方同士であれば、方言で話す方がスムーズに会話が成り立ち、親しみやすい場合もあるでしょう。ただし、なれなれしい印象を与える場合もありますので、注意が必要です。

10. (B)　オンライン接客では、お客様への丁寧な説明や細やかな配慮が必要ですが、同時にスピーディーかつスムーズな接客も求められます。画面を通しての長時間のコミュニケーションは疲れやすいので、効率よくニーズに合った商品を提案していくことが大切です。そのためには、お客様の好みやサイズ、どのような商品を探していらっしゃるのか（ご自身用・プレゼント用）などの情報を聞いておくことによって、的確にニーズに合わせた事前準備をすることができます。また、商品の説明をする際には、販売員から一方的に話す時間が長くならないよう注意し、十分な間をとりながら話したり、「何か気になる点はございませんか」と適宜お声がけをしたり、お客様が質問しやすいコミュニケーションを心がけましょう。

11. (C)　(A)お客様の人柄や性格は様々です。静かに施術を受けたいお客様、楽しく世間話をしたいお客様、それぞれのお客様に適したコミュニケーションの取り方を考えましょう。また、世間話やプライベートな話はお客様から話された際に、間をつなぐのがこちらの役割と心得ましょう。　(B)お客様には公平・平等に接します。一般のお客様から見れば、常連のお客様が特別な扱いをされるのは、決して気分の良いものではありません。それぞれのお客様を尊重して、誠実に応対します。常連のお客様には、「いつもありがとうございます」などと挨拶を工夫して気遣うことが大切です。

12. (C)　(A)(B)問題の解決になりません。まずは子どもやほかの患者様の安全を確保する声かけや誘導をおこないます。子どもの年齢などに応じて、保護者への声かけも必要です。その際、「本日は長らくお待たせして申し訳ございません。ご気分はいかがですか。お子様も退屈してしまいますよね」など、配慮ある言葉選びが重要です。そのうえで、「怪我をされると大変ですので、おかけになってお待ちいただけますか」と丁寧に依頼しましょう。

13. (B)　どうしてもすべてのお客様のご希望に添えないことが事前に予測できる場合は、できる限り、多くのお客様の期待に応えられるよう手を尽くします。接遇の5つの基本「表情（笑顔）」「挨拶」「身だしなみ」「立ち居振舞い」「言葉遣い」の実践によって、お客様との信頼関係ができていれば、「数に限りがある」というような仕方のない理由で、万が一ご期待に添えないようなことがあっても、お客様の理解が得やすくなります。(A)2種類の選択があるのにもかかわらず、何もおっしゃらない方には、強引に1種類を押し付けるようなサービスは適切ではありません。(C)　サービスの都合上、仕方のないことではあっても「乗務員の責任ではない」「謝罪すれば何とかなるだろう」という考え方で接客にあたるのは無責任です。また、特定のお客様だけに裏情報をお伝えしたり、毎回同じ方法でのサービスとは限らないなか適当なことをお伝えしたりするのもふさわしくありません。その場の状況を見て、その時のお客様の立場に立って考え、誠意をもって接していくことが何よりも大切です。

14. (1) (A)　"Thank you for 〈動詞の ing 形〉" で「～してくださってありがとうございます」という表現です。choose は「～を選ぶ」という意味の動詞です。

(2) (B)　head office「本社」という意味です。(A)branch office は「支社」という意味です。

(3) (C)　May I～?「～してもよろしいでしょうか」という表現です。(A) Would you like～?「～はいかがですか」という表現です。(B) Would you mind ～「～していただけませんでしょうか」、(D) Could you ～?「～していただけますか」という丁寧な依頼の表現です。

(4) (D)　say again で「～をもう一度言う」という意味、(A) repeat は「～くりかえして言う」という意味です。"say again" と "repeat" が同じような意味なので、repeat を使う場合は、"Could you repeat that, please?" となります。

(5) (A)　by「～までに」【期限】を表す前置詞です。(C) until は「～まで」という【継続】を表す前置詞です。byとuntilは、間違えやすいので気をつけましょう。(B) inは「～後」、たとえば "in 3 days"で「3日後」、(D) on は「日」といっしょに"on Sunday"「日曜日に」というような使い方をします。

15. (1) マフィン
(2) キャンペーン
(3) ホスピタリティ（ホスピタリティー）
(4) グローバル
(5) スプーン

第61回接客サービスマナー検定　3級

【解答と解説】

1. (1) (C)　(A)受付の応対で会社の印象が決まります。誰が来社しても常に心地よい応対を心がけ、意図的に面会を断る場合であっても、丁重にお伝えしましょう。(B)会社を訪れる人すべてが喜ばれるお客様ではなく、時には「招かれざる客」もいることを心得ましょう。しかし、名指し人の意向を確認しないまま追い返してしまうのは、適切ではありません。アポイントがなくても、名前と会社名、簡単な用件を確認して、名指し人の都合や意向を確認してから応対します。

   (2) (B)　(A)お客様より高い位置にならないように注意することが基本です。下り階段は案内者が先、上り階段ではお客様が先です。ただし、上り階段での案内の際、女性のお客様がスカートを着用されている場合は、一言断りを入れてお客様の前に立って案内するなど臨機応変に応対しましょう。(C)同乗者がいない場合、案内者が先に乗って「開」ボタンを押し、もう片方の手でドアを押さえて、お客様に乗っていただきます。到着階で降りる際は、「こちらでございます」と声をかけ、お客様に先に降りていただきます。

   (3) (C)　(A)入室後は「こちらにおかけください」と一言添えて、お客様に上座を勧めます。席を指定しないと、お客様が下座へ座ってしまう可能性があります。(B)あらかじめ部屋を確保していても、入室の際は必ずノックをします。

   (4) (B)　いただいた手土産をお出しする際は、お客様から見えない場所で包み紙を開け、お皿などに移して出します。

   (5) (B)　(A)お茶とお茶菓子を一緒に出す場合は、お茶菓子を先に出します。お客様から見て左側にお茶菓子、右側にお茶がくるようにします。(C)湯飲みと茶托は別にして運びます。入室後サイドテーブル等にお盆を置き、湯飲みの底をふきんで軽く拭いてから茶托にセットし、ひとつずつ「どうぞ」と言葉を添えて、上座のお客様から順に出していきます。

2. (1) ○　お客様から対価を受け取り、その分想定されているものを平等にすべてのお客様へ提供するのが「サービス」です。さらに「サービス」の枠を超え、ひとりひとりのお客様の立場に立って、目の前のお客様が何を求めているのか、何に喜ばれるのかを考え、先回りして自ら行動することが「ホスピタリティ」です。

   (2) ○　常に、お客様の期待を上回るサービスの提供を追求することが、顧客満足を超えた顧客感動へとつながっていきます。

(3) ✕ 　顧客満足は、お客様の「リピート」によって明確になります。以前のサービスに満足いただけたからこそお客様はリピートします。生涯顧客として末永くお付き合いできるよう、質の高いサービスの提供が求められます。

(4) ✕ 　近年、医療機関では競争が激しくなり、サービスレベルが低い病院は敬遠される傾向にあります。医療業界で生き残るためには、ホスピタリティ・マインドの発揮は必須です。

(5) ✕ 　ホスピタリティの発揮は、従業員満足(ES)に比例します。従業員が仕事へのやりがいを持ち、不満がほとんど無い状態や環境をつくることが大切です。そのうえで、お客様に心を込めてサービスを提供し、顧客満足(CS)を獲得していきます。

3. (1) (B) 　何度も同じ内容を繰り返し伝えてしまうと一方的な印象を与えてしまいます。伝わる速度に時間差があることを考慮し、話した後にしっかりと間をとる、または「何か質問はありませんか」などと適宜声をかけることによって、他の参加者の反応を確認しながら会議を進めることができます。

(2) (C) 　(A)カーテンを開けた状態の窓を背景にすると、窓の外が見え場所の特定につながるリスクがあります。また社外会議の際、万が一気づかずに、窓の外に取引先のライバル会社の広告があった場合、クライアントからの印象は下がってしまうでしょう。背景は、ポスターやカレンダーなど余計なもののない壁か、逆光にならない状態でのカーテンなど、なるべく部屋の中の生活感が映りこまない場所を確保すると良いでしょう。(B)長時間にわたり画面を通して話をするのは疲れるので、ある程度リラックスした環境を作ることは大切ですが、仕事とプライベートの垣根をなくしたり、普段自宅で着ている部屋着で会議に参加するのは適切ではありません。

4. (1) ◯ 　受領書は領収書と類似していますが、領収書が金銭の受け取りに対してのみ発行されるのに対して、受領書は金銭及び物品に対して発行されます。

(2) ✕ 　企業の繁栄を祝福する言葉は「ご発展」「ご隆盛」「ご繁栄」などを用います。相手が個人の場合、「ご清祥」を用います。

(3) ◯ 　社内文書では内容と効率が重視されるため、過度の敬語は必要なく、「です」「ます」調の文体で要点がすぐに伝わるように書きます。

(4) ✕ 　「向暑の候」は「暑い季節に向かう」、つまり初夏（6月頃）に使う時候の挨拶です。8月の時候の挨拶には、「残暑の候」「晩夏の候」などがあります。

(5) ✕ 　紹介状は、一般的に紹介者が被紹介者に同行できない際、被紹介者が持参して紹介相手に渡すものです。相手に直接紹介できる場合は、持っていく必要はありません。

5. (1) (B) (A)電話中、利き手はメモを取るために筆記具を持ちます。受話器は、利き手と反対の手で取るようにします。(C)「電話だから姿は見えない」と思いがちですが、声にも気持ちや応対姿勢は反映されます。受話器を首や肩に挟んで応対したり、何か他の作業をしながら片手間に電話の応対をしたりしていると、相手にも顕著に伝わってしまいます。電話応対時の表情や姿勢は、声に乗って相手に届くということをしっかりと意識しましょう。

(2) (C) 聞き逃したことをごまかすような話の聞き方をしてしまうと、相手は話を理解しているものとして先に進めます。万が一、重要事項であれば今後の取引に影響する恐れもあるので、再度伝えてもらい、正確に聞き取ることが大切です。

(3) (B) 電話を切る際(クロージング)、「名乗り」・「確認」・「感謝」の3点を入れることで、印象の良い終わり方になります。(A)電話の内容を要約したうえで、他に何か聞きたいことはないかを必ず確認します。(C)最後に名乗ることで「責任をもって応対しました」という誠意が伝わり、信頼度が高まります。

6. (1) (C) (A)自分や社内の人の休みに「お」をつけるのは誤りです。また「部長」は敬称であるため、社外の人と話す際に自分の会社の上司を「○○部長」と呼ぶのは不適切です。(A)(B)休暇は会社の許可を得るものです。休みを「いただく」「頂戴する」のように謙譲語を使用すると「会社から許可をいただいて休みをもらっている」と自社を敬う表現になるので、お客様に対する言葉遣いとして、適切ではありません。

(2) (C) (A)「~させていただく」は、相手の許可が必要なときにのみ使う謙譲語です。たとえば、英会話を教えてくれている先生と話すときに「先生に英会話を習わせていただきまして、英語が上達しました。」という表現は使えます。ただし、ここでは「就職したい会社の面接官と話している」という場面設定なので、「習わせていただく」という言い方はだれに敬意を払っているのかが明確ではなく不適切です。(B)「習わさせていただく」は不要な「さ」を入れた「さ入れ言葉」で間違いです。

(3) (A) (B)「お(ご)~される」は「お(ご)~する」という謙譲語に、尊敬語の「れる・られる」を混同した間違い表現です。(C)「お(ご)~になられる」は、「お(ご)~になる」と「れる・られる」の2つの尊敬表現を重ねた二重敬語です。

(4) (A) 丁寧な言葉遣いとして、「~でございます」が適切ではありますが、問題の選択肢の中では、(A)が最も適切です。(B)(C)「~になる」は、飲食店やコンビニエンスストアなどでよく耳にする表現ですが、基本的には「AがBに変化する」という意味です。何かがいきなり豆腐ハンバーグ定食に変化したわけではないので、この場合、日本語として適切ではありません。

(5) (C) (A)「ご了承になられてください」は「ご了承になる」という尊敬表現に、さらに尊敬語の「られる」を重ねた二重敬語です。「ご了承になってください」であれば、適切です。(B)「ご了承してください」は「ご〜する」という謙譲語の形に、相手への指示表現である「〜てください」をつけた間違いですので、適切ではありません。

7. (1) かどう　　(2) ちゅうしん　　(3) べんぎ　　(4) すす（める）　　(5) こんがん

8. (1) (D)　　(2) (F)　　(3) (B)　　(4) (D)　　(5) (H)

9. (B) (A)一方的に日本やそのお店のルールを押し付けるのは適切ではありません。ご希望に添えないことやできないことをお伝えするときには、納得いただけるよう具体的な理由を説明する必要があります。(C) お客様の安全を考えたうえでのルールなのですから、いらいらされているからといって特別な対応をするのは不適切です。また、たとえ英語に自信がなくても一生懸命に説明をしようとする姿勢や熱意は伝わります。カタコトであっても、キーワードとなる単語を明確にお伝えする、ジェスチャーを交えるなどの工夫をし、積極的にコミュニケーションをとる姿勢を大切にしましょう。

10. (A) (B)いくら気心の知れた患者様であっても、プライベートの連絡先を教えることは適切ではありません。(C)何度入院していても、患者様やご家族にとって入院生活は不安があります。重複する内容であっても、患者様やご家族の感情を配慮して丁寧に説明する必要があります。

11. (B) カウンターでのお客様への丁寧な応対はもちろん、周囲のお客様への目配り・気配りは欠かせません。(A)忙しくてすぐに応対できない、というこちらの状況をお客様にアピールし察していただこうとするのは不適切です。まずは並んでいるお客様に「恐れ入りますが、少々お待ちいただいてもよろしいでしょうか」などと声をかける配慮が必要です。(C)このような状況では、目の前のお客様だけではなく並んで待っているお客様にも「気にかけていますよ」というメッセージを言葉や動きで伝えることが望ましいです。

12. (C) (A)お会計を済ませた後に、レジ袋が必要だとおっしゃることもあるかもしれません。そのような場合、お会計が2度手間となり余計にお客様のお時間をとってしまいかねません。レジ袋や保冷剤、お箸などお客様によって必要なのか不要なのかが異なるものに関しては、有料であっても無料であってもお客様任せではなく、必ずこちらからお声がけをするようにしましょう。(B)お客様はどれにしようか迷っているので、多くのお客様が買う人気の商品をおすすめするのが無難です。お客様の好みも伺わず、自分の好みを押し付けるのは適切ではありません。

13. (C) (A)（B)接客をするうえで、自身の経験から判断することは大切ですが、年齢層や見た目で先入観を持ってお客様の特徴や傾向を決めつけてしまうのは、プロとしての配慮に欠けます。(A)ご高齢のお客様でも、いろんな機械に慣れていらっしゃる方、または、「はじめて自動チェックイン機を使うのを楽しみにしていた」というお客様もいらっしゃるかもしれません。一方的に操作を済ませてしまうのではなく、自動チェックイン機の説明をしながらいっしょにチェックインをしていくのか、それとも、すべてお任せいただきこちらで操作したほうがいいのか、お客様のご希望を確認しながら対応しましょう。(B)困っている素振りはなくても、急いでいらっしゃったり、はじめての自動チェックイン機に戸惑っていらっしゃったり、さまざまな事情でスタッフのほうから声がけをしてほしいと望んでいるお客様もいらっしゃるでしょう。声をかけられるのを待つだけの受け身の姿勢は、適切ではありません。

14. (1) (A)　come with「〜が付いてくる」というフレーズです。セットのメニューを説明するときなどに使える便利な表現です。

(2) (C)　Would you like〜？「〜はいかがですか」という表現です。 (B) Could you 〜？「〜していただけますか」、(D) Would you mind 〜「〜していただけませんでしょうか」と、どちらも丁寧な依頼の表現です。

(3) (B)　「〜階に」と階を表すときには、前置詞 on を使います。

(4) (D)　assistance「手伝い、援助」という意味です。「もし何かお手伝いが必要でしたら、どうぞお知らせください」というお客様応対で使える定番フレーズです。 (A) problem「問題」、(B) convenience「便利」、(C) concern「心配」が主な意味です。

(5) (C)　borrow「(無料で) 借りる」という意味の動詞です。選択肢はすべて、貸し借りに関する動詞ですが、少しずつ意味が異なります。(A)lend「(無料で) 貸す」、(B)rent「(有料で)貸す、借りる」、(D) lease「(土地や建物などを有料で) 貸す、借りる」という意味です。

15. (1) アルコール
(2) カタログ
(3) クオリティ（クオリティー）
(4) トースト
(5) ベーシック

【解答と解説】

1. (1)　(C)　(A)仕事が重なったら期限とスケジュールを確認して、優先順位を決めます。一般的に締切の早い方を優先するべきで、役職によって優先順位を決めるのは適切ではありません。2つ以上の仕事を抱えていたら、指示を出した上司に確認・相談してから取りかかると良いでしょう。(B)締切は厳守です。指示を受けたら、期限から逆算して段取りを決めます。どうしても締切に間に合いそうになければ、その時点で早めに上司に相談して判断を仰ぎます。

(2)　(A)　(B)報告手段を指示された場合以外は、報告内容により口頭・メール・文書などをうまく使い分けましょう。口頭で報告する場合は「〜について報告したいのですが、5分ほどお時間よろしいでしょうか」などと許可を得ます。複雑な内容の場合は、口頭で報告の後、詳細はメール・文書でおこなうのもよいでしょう。　(C)連絡は事実だけを伝えます。個人の憶測や願望を織り込むと、事実がねじまがって伝わる可能性があります。

(3)　(C)　社外の人に外出先は伝えません。場合によっては情報流出につながります。「申し訳ございませんが、あいにく〇〇は外出しております。△時頃戻る予定でございます」と状況を伝え、「お急ぎでいらっしゃいますか」や「戻りましたらこちらからお電話しましょうか」など、相手の意向を確認しましょう。

(4)　(A)　(B)挨拶とともに敬意・感謝の気持ちを伝える際に欠かせないのが、お辞儀です。深い感謝や謝罪の気持ちを伝える際は、上体を約45度傾ける最も丁寧なお辞儀「最敬礼」をします。お辞儀の始めと終わりは相手に視線を合わせ、首だけを曲げないように腰・背筋・首筋を一直線にして、腰から上体を倒します。(C)分離礼のほうがより丁寧な印象を与えます。

(5)　(A)　(B)議事録には決定事項だけではなく、決定できなかった内容や保留も記載します。(C)会議後1〜2日後に関係者に配布できるように作成しましょう。

2. (1)　○　お中元やお歳暮はお祝い事の贈り物ではなく、普段お世話になっていることに対する感謝の気持ちを贈るものです。当方または先方、もしくは双方が喪中であっても、お中元やお歳暮を贈り合うことは問題ありません。

(2)　×　キャンドルやストーブ、ライター、灰皿など火に関連するものは、新築祝いにはふさわしくありません。また、直接関連しなくとも、火を連想させる赤一色の品物も避けるのが無難です。

(3)　×　「御花料」はキリスト教式の不祝儀袋の表書きです。「改装御祝」や「御祝」が適切です。

(4)　×　火事や災害のお見舞いに対するお返しは不要です。落ち着いた時点で、電話や礼状で近況と感謝の気持ちを伝えましょう。

(5) ✕　ナイフや包丁など「切れる」（縁が切れる）を連想させるものは、基本的には結婚祝いとしてふさわしくありません。ただし、刃物には「未来を切り開く」という明るい意味合いもあるので、親しい人からリクエストされた場合などには贈っても失礼にはあたりません。

3.(1) (C)　宛名がTO（宛先）ではなくCC（カーボンコピー）に入っている場合、「メインの送信先ではないが、念のため念のため共有してほしい」という送り手の意図があります。CCで受信したメールは基本的に返信不要です。返信の必要があるかどうかは、内容で判断しましょう。

(2) (B)　(A)お客様へのお詫びメールを上司にも報告する際は、BCC（ブラインドカーボンコピー）が適切です。見知らぬ人（上司）のアドレスがCC欄にあると、メールを受け取ったお客様に不快な気持ちを与える可能性があります。(C)お互いに面識のない複数のお客様に一斉送信する際は、BCCで送信します。BCCに入力された送り先は、受け手のメールに表示されないことが特徴です。CCで送信すると、TO欄と同様に、メールを受け取ったすべての相手に伝わってしまいます。受け取った側には、見ず知らずの人のアドレスがCC欄に表示され、個人情報の流出となりますので、注意が必要です。

4.(1) ○　ホスピタリティは、「お客様に喜んでもらいたい、役に立ちたい」という積極的な思いで実践するものです。それにより、自身も喜びや利益を得られる関係を目指しています。

(2) ✕　お客様の笑顔が従業員の意欲を高めることは間違いありませんが、ホスピタリティの発揮は従業員満足（ES）と密接な関係があります。残業時間の増加や休暇の減少などは心身の健康に影響を与え、職場環境の不満につながります。そのような状況では、継続的なホスピタリティの発揮は難しいでしょう。

(3) ✕　お客様との会話以外にも、行動や表情から推測できることがたくさんあります。「何かお役に立てることはないか」という視点で、お客様をよく観察することが大切です。

(4) ✕　ホスピタリティ実践への取り組みは、お客様と直接かかわる部署だけでなく、組織全体で目的を共有しておこなうことが重要です。

(5) ✕　終始じっと見つめると、お客様に圧迫感を与えます。目もと付近をやわらかく見て、重要なところではしっかり視線を合わせるなど、メリハリをつけましょう。

5.(1) (C)　エレベーター内の席次は、操作盤の前が下座です。エレベーターに誰も乗っていなければ、スムーズに操作盤の前に立つため、自分が先に乗ってお客様を誘導します。他の人が乗っている場合は、外から「開」ボタンを押して、お客様に先に乗っていただきます。

(2) (B) (A)(C)アポイントなしの訪問があった場合、勝手な判断はせず、訪問者の名前と用件を確認し、担当者本人(上司)の都合や指示に従います。

(3) (C) (A)新しいお茶を一旦サイドテーブルに置き、先に出した湯呑みを全て下げてから、新しいお茶を出すのが基本です。しかし、ビジネスの場面では、商談を妨げることなく臨機応変に差し替えることを優先しましょう。(B)上下関係を年齢や外見で判断するのは、大変危険です。判断基準は、お客様がどの位置に座っているかです。上座のお客様から出すようにしましょう。

6. (1) (C) (A)レシートはこちらが発行してお渡しするものなので、「お返しする」とは言いません。(B)「～になります」はよく耳にする表現ですが、「A が B に変化する」という意味なので、この場合は適切ではありません。

(2) (A) (B)「弊店」は、自分の店舗をへりくだっていう謙譲語です。(C)「御店」という表現は存在するものの、相手の会社を敬って使う「御社」ほど一般的ではなく、(A)「貴店」のほうがより適切です。また、「健勝」は「健康であること」という意味で、個人に使う言葉であり、会社やお店に対しては使用するのは不適切です。

(3) (C) (A)名前に課長・部長などの役職名をつけると身内を敬う表現になってしまいます。役職名を明確にする場合は、(C)のように「課長の〇〇」と表現します。(B)「おる」は「いる」の謙譲語です。尊敬表現の「れる・られる」をつけるのは不適切です。「席を外しております」が適切です。

(4) (B) (A)名前や住所は人にあげたりもらったりするものではないという考えから、「いただく」「頂戴する」は適切ではありません。「ご記入いただけますでしょうか」が適切です。(C)「おかけになられる」は、「お（ご）～になる」と「れる・られる」の２つの尊敬表現を重ねた二重敬語です。

(5) (C) (A)(B)血糖値に対して尊敬語を使うのは不適切です。モノや動物に対しては、丁寧語を使います。

7. (1) きゃたつ　(2) たくえつ　(3) さと（す）　(4) ぜいじゃく　(5) られつ

8. (1) (F)　(2) (B)　(3) (C)　(4) (E)　(5) (G)
　　1月：睦月　2月：如月　3月：弥生　4月：卯月　5月：皐月　6月：水無月　7月：文月
　　8月：葉月　9月：長月　10月：神無月　11月：霜月　12月：師走

9. (A)　(B)旅行のサブバッグにしたいというお客様の要望に沿った返答になっていません。「コンパクトですが意外と収納力もありますし、ポケットがたくさんついていますから、旅行のサブバッグにも向いています」など、まずはお客様の言葉に合わせ、ご利用シーンに合わせたアピールが適切です。(C)お客様は黒や紺などダークカラーのバッグを探しているのかもしれません。お客様がデザインを重視したいのか色を重視したいのかを確認して、商品選びのお手伝いをする必要があります。

10. (B)　(A)ビジネスシーンでは標準語を使用するのが基本ですが、絶対に使わなければならない決まりはありません。同じ地方同士であれば、方言で話すほうがスムーズに会話が成り立つ場合もあるでしょう。ただし、なれなれしい印象を与える場合もありますので、注意が必要です。(C)雑談からお客様のニーズが掴めることもあります。特に、商談の導入時に軽く言葉を交わすことで互いの緊張感をほぐす効果もありますので、上手に活用しましょう。

11. (B)　(A)じっと待っている受け身の姿勢は、適切ではありません。目の前のお客様だけでなく、並んでいるお客様への配慮が求められます。(C)「おばあちゃん」という声かけは、親しみから発したものであっても、接遇者として適切ではありません。

12. (B)　(A)高齢の患者様だからと決めつけて選択肢を説明しないのは適切ではありません。まず、「普段パソコンやスマートフォンは使用されますか」など状況やご希望を確認して判断するのが適切です。(C)不満を表した患者様にのみ優遇したサービスを提供し、その場を収めようとしても、根本的な解決にはつながりません。なかには、はっきりと意思表示をせずに心の中で不満を抱かれている患者様もいらっしゃるでしょう。たとえば、「どちらの問診票でも、来院されたお時間順にご案内しております。診察の内容や予約状況によって順番が前後することはございますが、すべての患者様にスムーズに受診いただけるよう、公平なサービス提供に努めております。どうか安心してお使いになりやすい方法をお選びください」など、納得いただけるよう誠実に説明する姿勢が大切です。

13. (C)　お子様であってもお客様ですから、不用意に頭を触ることは避けましょう。また、日本では子どもの頭をなでる姿は当たり前のように見られますが、「人の頭はとても神聖なもの」との考えから、頭をなでる行為をタブーとしている国も多いので注意しましょう。

14. (1) (C)　May I〜?「〜してもよろしいでしょうか」という表現です。(A) Would you like〜?「〜はいかがですか」という表現です。(B) Could you 〜?「〜していただけますか」、(D) Would you mind 〜「〜していただけませんでしょうか」という丁寧な依頼の表現です。

(2) (C)　out of stock は「在庫切れ」という意味で、接客の場面ではよく使う表現です。(B)と混同しやすいですが、out of order は、「故障している」という意味のフレーズです。

(3) (B)　ready「準備ができた」という意味の形容詞です。(A)decide「〜を決める」、(C) prepare「〜を準備する」、(C)take「〜を取る」が主な意味です。(A)〜(C)はすべて動詞（原形）なので、 この文では"are"という be 動詞といっしょに使うことはできません。

(4) (D)　look for「〜を探す」という表現です。(A) look after は「〜の世話をする」、(B) look over「ざっと目を通す」、(C) look around「見回す」が主な意味です。

(5) (D)　「ウェブサイトやホームページを見てください」という場合には、かならず"visit"を使います。決まり文句なので、覚えておくとよいでしょう。

15. (1) ベンチャー
(2) インフルエンサー
(3) ライバル
(4) タオル
(5) コラボレーション

第59回接客サービスマナー検定　2級

【解答と解説】

1. (1) ×　挨拶言葉の途中でお辞儀をする同時礼よりも丁寧な印象を与えるため、接客では分離礼を
おこなうことが多いです。しかし、たとえば混雑して列ができているレジなどでは、スピー
ディーな対応が必要です。同時礼を臨機応変に取り入れても問題ありません。同時礼をおこ
なう場合も、最初と最後にお客様の目を見て思いを伝えましょう。

　　(2) ×　丁重な謝罪が必要な場面ではありません。謝罪されるとお客様も気まずく思われるかもし
れません。居心地よく過ごし、また来たいと思ってもらえるように、「どうぞごゆっくりご
覧ください」など笑顔で声をかけて、少し距離を置いて見守りましょう。

　　(3) ×　反応を示すことは重要です。しかし、たとえば静かなトーンで話すお客様に、こちらが高い
テンションで接すると、お客様は違和感や居心地の悪さをおぼえるかもしれません。お客様
と表情やしぐさを合わせ（ミラーリング）、声のトーンやスピードを合わせ（ペーシング）
て、話しやすく心地良い空間を作りましょう。

　　(4) ○　曲がる時や階段、エレベーター乗降時には、「こちらを右に曲がります」「こちらのエレベー
ターで5階に上がります」と進む方向や行き先を示すなど、常にお客様に安心感を与える
案内をしましょう。

　　(5) ○　渡す時は「どうぞ」など言葉を添えます。物の受け渡しの前後はお客様とのアイコンタクト
を意識しましょう。

2. (1) (D)　相手との関係性によりますが、疎遠になっている場合は無理に贈り続ける必要はありませ
ん。段階を踏んでやめる場合は、まずお中元をやめてお歳暮のみにします。お歳暮は1年の
感謝をあらわすので、お中元より重視されます。翌年からお歳暮もやめるか、金額を抑えた
り年賀状のみを送ったりするのが一般的です。

　　(2) (D)　喜寿は77歳の祝いです。70歳の祝いは古希（古稀）です。主な賀寿の祝いは、数え年で還
暦（61歳）、古希/古稀（70歳）、喜寿（77歳）、傘寿（80歳）、米寿（88歳）、卒寿（90歳）、
白寿（99歳）です。

　　(3) (C)　お中元やお歳暮、災害見舞、七五三や入学祝いなど子どもの成長に関するものは一般的に返
礼不要ですが、相手との関係性によって判断すればよいでしょう。いずれの場合も、必ず電
話や手紙で感謝の気持ちを伝えましょう。

　　(4) (B)　火事を連想させるとして、火に関係するもの（例：灰皿、ストーブ、キャンドル、赤色のも
の）は、相手からの希望でない場合は避けるのが無難です。

　　(5) (D)　連名の場合、向かって右側から、目上の人順に書くのが適切です。

3. (D)　重ね言葉（返す返す、ただただ、皆々様、ますます、しみじみ、くれぐれも、など）は、「不幸が重なる」につながるとされる忌み言葉ですから、使用は控えます。

(E)　「大往生」は、十分に長生きした、安らかに後悔なく立派な死を迎えたという意味で、遺族が使う表現です。お悔やみの言葉としてふさわしくありません。

(H)　結語の「敬具」は、「拝啓」など一般的な文書の頭語とセットで使用します。お悔やみ状では、頭語や時候の挨拶など前文は省き、冒頭からお悔やみの言葉を述べます。結語も省いて構いませんが、お悔やみ状に限り、結語「合掌」を単独で使用することも多いです。

4. (1) ○　身だしなみは第一印象を決める重要な要素です。また、店舗や企業のイメージを決定づけます。身だしなみ規定を確実に守ることはもちろん、お客様が不快感・違和感をおぼえない装いを整えましょう。

(2) ×　TPOは「時」（Time）と「場所」（Place）と「場合」（Occasion）の略です。officialは「公的な」という意味です。

(3) ×　腕時計を身に着けるほうが安心です。スマートフォンはSNSやインターネットなどの機能が豊富なので、本人は時間を見ているつもりでも、「仕事に集中していない」という印象を与える可能性があります。特に打合せや商談などでは、スマートフォンを出すのは失礼だと感じる人もいます。

5. (1) (D)　「お受け取りください」「お持ちください」も適切です。(A)「いただく」は「もらう」の謙譲語です。(B)「お持ちになられる」は尊敬語「お持ちになる」に「れる・られる」尊敬表現を重ねた二重敬語です。(C)「頂戴する」は「もらう」の謙譲語です。謙譲語に、「する」の尊敬語「なさる」をつけるのは誤りです。

(2) (B)　(A)(C)「貴社」と「御社」はどちらも相手の会社を指す言葉ですが、「貴社」は主に書き言葉、「御社」は話し言葉として使用します。(C)(D)「参る」と「伺う」はどちらも「行く」の謙譲語です。「伺う」は自分の行為が向かう先を立てる意味を持つ謙譲語Iです。「参る」は話し手に対して自分を遜っているだけで、行為が向かう先を立てる意味は持たない「謙譲語II」です。問題文の場合、相手の会社を立てる必要がありますので、「伺う」が適切です。

(3) (A)　「厚く」は「厚くお礼申し上げます」と、お礼を伝える時に使用します。お詫びの場合は「深く」や「心より」「心から」を使用するのが適切です。(C)「申し訳ないことでございます」は、「申し訳ない」を一つの形容詞と捉えた表現です。一般的に使用されている「申し訳ございません」や「申し訳ありません」は「申し訳」（言い訳）を名詞として捉えた表現で、どちらも適切です。

(4) (A) (B)現在の事を「よろしかった」と過去形で表現するのは適切ではありません。(C)「〜になります」は変化を表す言葉です。「診察券です」「診察券でございます」が適切です。(D)「お持ちになられて」は「お持ちになる」＋「れる・られる」の二重敬語です。

(5) (D) 「拝送」は「送る」の謙譲語です。

6. (1) (C) (A)髪の毛や唾液がお茶に入らないよう、お盆を身体の正面から少しずらして挨拶をします。(B)右手で湯のみを持つ人が多いので、お茶は右手後方から出します。(D)応接室に置いたままにするのは横着な印象を与えます。お盆は小脇に抱えて退出します。この時、汚れたお盆の裏が見えないように、お盆の裏側は体につけ、お茶を載せる側を外側にして持ちます。

(2) (C) (A)名刺をテーブル越しに交換してはいけません。担当者が入室したら素早く立ち上がり、テーブルの横にまわりこんで相手と正対してから交換します。(B)名刺はその場で裏面も含めて確認します。業務内容・事業所一覧や担当者の似顔絵など、話題のきっかけになりそうな内容が記載されている場合は、積極的にコメントしましょう。(D)交換は上位者からです。上司が取引先部長と交換を終えた後、取引先課長と交換を始めたら、自分も部長、課長の順で交換します。

(3) (C) お名前の復唱は「いる」の尊敬語「いらっしゃる」を使用して、「○○様でいらっしゃいますね」が適切です。また、名前や住所は人にあげたりもらったりするものではないという考えから、「お名前を頂戴する」や「お名前をいただく」という表現は適切ではありません。「下のお名前」という表現に違和感をおぼえる人も多いので、「恐れ入りますが、お名前をフルネームで教えていただけますでしょうか」と尋ねるのがよいでしょう。

(4) (A) メールは気軽に送信できますが、相手がすぐに見てくれるとは限りません。また、稀に送受信トラブルなどの不具合が起こることもあるので、確実性が高いとは言えません。緊急の用件はメールだけで済まさず電話も活用するなど、各ツールの特性を理解して使用しましょう。

(5) (C) 新しい内容から報告するのではなく、重要度や緊急性で報告の順番を判断します。

7. (1) 45　(2) 5　(3) 3　(4) 5　(5) 3

8. (1) (C)　(2) (H)　(3) (D)　(4) (F)　(5) (A)
(B)拾い箸　(E)移し箸…箸から箸へ食べ物を移動させること。
(G)もぎ箸…箸先にくっついたご飯粒をなめて、口でもぎ取ること。

9. (B)　用途確認は適切な機種を勧めるために必要ですが、YouTube で何を見るのかを詳しく聞く必要はなく、やや踏み込み過ぎの印象です。お客様との話題をふくらませようとする姿勢は大切ですが、内容やお客様の反応には注意しましょう。(C)これを機にご家族の携帯電話も乗り換えを勧めるうえで、奥様に何か別会社へのこだわりなどがあるなら先に聞いておく方がよいでしょう。特になければ利点を勧めやすいです。

10. (D)　ショーに集中できなかった苛立ちからくる言動とは言え、対応したのにもかかわらず、大きな声で無茶な要求をされる場合、毅然とした応対をすべきです。「恐れ入りますが、ほかのお客様が驚かれますので、大きな声はお控え願います」と伝え、それでもおさまらなければ、「お話は別のお部屋で伺います」と場所を移動し、上席者に対応を依頼するのが望ましいです。場所や人を変えることで、怒りがトーンダウンすることもあります。

11. (C)　食後が食事の後を指すということは、患者様も理解したうえでの質問です。食欲がわかず食べられないなどの事情があるかもしれません。まずは事情を確認し、食事の必要性や、食事を取ることができない場合の代替案（飲み物だけでもよいなど）を伝えましょう。

12. (B)　お客様が興奮して一気にまくしたてている時に相槌や復唱を入れすぎると、お客様の言葉と被ったり、話を遮ってしまったりします。このような場合は、無理に相槌のバリエーションを増やそうとせず、「はい」など最小限な相槌にとどめ、メモを取りながら落ち着いて話の主訴をつかみましょう。

13. (C)　料理の提供が遅いことに不満を抱くお客様に対し、混雑を理由に理解を求めることは適切ではありません。まずはお詫びをし、注文状況や提供できる目安時間を確認してお客様に伝えます。混雑時は特にお客様への目配り、気配りが欠かせません。(A)(B)のように並んで待っているお客様に対して声をかけるなどの配慮が必要です。また、忙しいと所作が粗雑になりがちなので、いつも以上に意識することが大切です。

14. (1) (C)　「かしこまりました」に相当する丁寧な表現は "Certainly" です。(B) OK、(D) All right また、"Sure" という表現も意味としては間違っていませんが、お客様への返答としてはカジュアルすぎて失礼にあたるケースも多いので気をつけましょう。ファーストフード店、LCC 航空会社などフランクなイメージを大切にする接客では、"Sure" などの表現のほうが好まれることもあります。

(2) (D)　be sold out「売り切れている」という意味です。色を表すときには、前置詞 in を使います。

(3) (C)　a few は、「少しある」という意味で肯定的なニュアンスが含まれます。一方、(A)few は「ほとんどない」という意味で否定的なニュアンスを含みます。a few, few は可算名詞（数えられる名詞）の複数形とともに使います。同じように、(D)a little は「少しある」、(B)little は「ほとんどない」という意味ですが、この2つは不可算名詞（数えられない名詞）とともに使います。

(4) (C) across from は、「～の向かいに」という位置を表す群前置詞です。across は「～の向こう側に」という意味の前置詞ですが、向かい側にある人や物を目印として案内するときは、from と一緒に使います。(A)(C) over there 「あちらに」、少し距離のある離れた場所を指す際に使う表現です。

(5) (A) "Would you mind -ing (動名詞)?" で、「恐れ入りますが、～していただけないでしょうか」という丁寧な依頼の表現です。「もう一度言う」は、(A)(B) "say it again" です。
(C)(D) "repeat" は「～を繰り返す」という意味なので、"again" は必要ありません。

15. (b) 「スタイルがいい」は "figure" を使って、"You have a nice figure." と表現します。"You have a nice style." と言うと、「センスがいいですね」と「服のスタイル＝ファッション」を褒める意味として伝わってしまいます。

(e) 英語の "claim" という単語は、「請求」「主張」という意味です。日本語の「クレーム、苦情」に相当する英語は "complaint" です。

(h) 「ピアス」は和製英語で、英語の "pierce" は動詞で「～に穴を開ける」という意味です。耳につけるピアスは "earrings"、「イヤリング」と区別したい場合には "pierced earrings" と表現することができます。

16. (1) ビュッフェ
(2) クーポン
(3) モチベーション
(4) ステーショナリー
(5) ブラウス

第60回接客サービスマナー検定　2級

【解答と解説】

1. (1) ×　加齢による聴力の機能低下は、低音域よりも高音域が聞き取りにくくなります。極端な抑揚を避け、やや低めの落ち着いたトーンで明瞭に話します。意味の区切りで間を入れて話しますが、語尾が強くならないよう意識しましょう。

　(2) ×　いきなり後ろから声をかけると驚かせてしまいます。顔をよく見てもらえる位置で声をかけたほうが、安心感があります。視線の高さを合わせてアイコンタクトを取りましょう。

　(3) ○　一人のお客様として丁寧に接します。アイコンタクトや表情で、優しさや親しみやすさを表しましょう。

　(4) ○　子どもが退屈して動き回ったり、ぐずって早く帰りたがったりと、子ども連れのお客様が気兼ねなく集中してお買い物を楽しむのは難しいものです。少しでも過ごしやすい空間になるよう、店舗全体で取り組むことが重要です。

　(5) ×　国籍や人種による文化・慣習の違い、考え方の傾向への意識は必要です。そのうえで、思い込みによる接客にならないよう、お客様の要望を確認して一人ひとりに応じた接客をします。

2. (1) (B)　旧暦の月の呼称は、「1月　睦月（むつき）、2月　如月（きさらぎ）、3月　弥生（やよい）、4月　卯月（うづき）、5月　皐月（さつき）、6月　水無月（みなづき）、7月　文月（ふみづき）、8月　葉月（はづき）、9月　長月（ながつき）、10月　神無月（かんなづき）、11月　霜月（しもつき）12月　師走（しわす）」です。

　(2) (C)　結婚1年目は「紙婚式」、60年目は「ダイヤモンド式」と、夫婦の絆が強くなっていくさまを表すように、やわらかいものから硬いものに変わっていく名称がつけられています。代表的な「銀婚式（25年目）」と「金婚式（50年目）」は覚えておきましょう。

　(3) (B)　男性の昼の正礼装はモーニングです。タキシードは夕方～夜の準礼装です。

　(4) (A)　出産の無事を祈って、さらしの布の腹帯（岩田帯）を妊婦が身につける風習があります。

　(5) (B)　(A)傘寿…80歳　(C)白寿…99歳　(D)卒寿…90歳
　　　その他長寿祝いの代表的な呼称として、還暦…61歳、古稀（古希）…70歳、米寿…88歳があります。（年齢は数え年）

3. (A) 結語が「謹白」なので、頭語は「謹啓」が適切です。頭語と結語には組合せがあります。ビジネス文書は「拝啓」「敬具」の組み合わせが一般的です。「謹啓」と「謹白」の組み合わせは、招待状や案内状など、より丁寧さや儀礼を重んじたい文書で主に使用します。

(B) 「陽春の候」は４月の時候の挨拶です。５月は「薫風の候」や「若葉の候」などをよく使用します。

(D) 「拝覧」は謙譲語です。尊敬語の「ご高覧」が適切です。

4. (1) ○ 頭のてっぺんから糸でつられている感じを意識して、横から見た時に頭からかかとまで一直線の姿勢を目指しましょう。

(2) ○ 足元を見ると首が曲がり、頭だけのお辞儀に見えるので、目線は先に置くのがポイントです。腰を起点に、スムーズに上体を傾けましょう。

(3) × 手で指し示しながら、指す方向を見たほうがわかりやすいです。所作の最初と最後にアイコンタクトを取ります。

5. (1) (B) (A)(D)社外の人に対し、社内の人の休みには「お」をつけません。休暇は会社や上司の許可により取得するものです。(C)「頂戴する」、(D)「いただく」は謙譲語ですから許可を与えた身内を敬う表現です。社外の人に対する言葉遣いとして適切ではありません。

(2) (B) (A)「申し上げる」、(C)「ご報告する」は、いずれも伝える相手を立てる言葉で、社内の上席者への敬意を表現しています。(D)「お見えになられる」は「来る」の尊敬語「お見えになる」＋「れる・られる」の二重敬語です。

(3) (D) (A)(C)「参る」と「伺う」はどちらも「行く」の謙譲語です。「伺う」は自分の行為が向かう先を立てる意味を持つ謙譲語Ⅰです。「参る」は話し手に対して自分を遜っているだけで、行為が向かう先を立てる意味は持たない「謙譲語Ⅱ」です。問題文は行き先がお客様のご自宅ですから、「伺う」が適切です。(B)「お出かけになる」＋「れる・られる」の二重敬語です。

(4) (D) 「お伝えする」は「お（ご）＋ ～する」の謙譲語ですので、お客様への言葉遣いとして適切ではありません。「お（ご）＋ ～になる」で尊敬語にして「お伝えになりたい事」が適切です。または応対者を主語にして（私が）「田中に申し伝える事」と表現します。

(5) (A) 「いたす」は「する」の謙譲語ですから、動作の主体は自分です。自分は、（あなたのために）どうすればよいかを確認する時に、「いかがいたしましょうか」と使用します。(B)(D)はお客様が主語ですから、「する」の尊敬語「なさる」を使用し、(B)「いかがなさいましたか」(D)「どちらになさいますか」が適切です。(C)主体をお客様にするなら（お客様はどうしたいですかの意味）「いかがなさいますか」、主体を自分にするなら（自分はどうしたらご希望に添えますかの意味）「いかがいたしましょうか」が適切です。

6. (1) (D) お茶が右側から出されることが多いので、邪魔にならないよう、左側に置くのが一般的です。

(2) (A) 乗り物の3人掛けは窮屈であるという理由から、真ん中は下座です。席次順は①窓側、通路側、③真ん中です。ただし、乗り物の席次はあくまで目安です。いったんは上席者に窓側の席を勧めますが、その方の好みに任せましょう。

(3) (B) 次の出勤日が数日先なのに、「出勤したら連絡する」は親切な応対とは言えません。まず、「お急ぎでいらっしゃいますか」「いかがいたしましょうか」などと相手の意向を伺い、状況に応じて対応します。たとえば、応対者が代わりに用件を聞いたり、ほかの担当者に取り次いだり、出張中の名指し人に連絡を取るなどの方法が考えられます。

(4) (B) (A)携帯電話にかけた場合も、まず自分が先に名乗ります。また、相手が出ていますので、「○○様の携帯電話でよろしいでしょうか」よりも、「○○様でいらっしゃいますか」が自然です。(C)(D)メモを取らずに記憶に頼るのは非常に危険です。また、周囲がうるさいからと大声で仕事の会話をするのは不適切です。静かな場所に移動して、メモを準備してからかけ直すのが望ましいです。

(5) (A) この場合、情報共有の目的で担当者の上司にCCで送るよう依頼されたのですから、それに従いましょう。TOで送ると相手に返信の気遣いをさせてしまうかもしれません。CCで送付することは失礼ではありません。用途により使い分けましょう。

7. (1) キャパシティ（容量、許容量、対応能力、処理能力）　(2) エスカレーション（上位への伝達）
(3) デフォルト（初期設定、いつもどおり、定番）(4) オンスケジュール（計画、定刻どおり）
(5) ブレインストーミング（ブレーンストーミング）
　　（数名が集まり、ひとつのテーマに対してアイデアを出し合うこと）

8. (1) (D)　　(2) (F)　　(3) (A)　　(4) (G)　　(5) (C)

9. (C) 口コミへの返信は、書き込んだ本人だけでなく、ほかのお客様も閲覧します。サイト上の対応が、集客に大きな影響を与えることを意識します。(A)虚偽の書き込みと決めつけず、いったん話を聞かせてほしいと歩み寄るのが適切です。(B)すべてのコメントに返信を投稿しているのにも関わらず、低評価の口コミだけ反応しないのは、誠実さに欠ける印象を与える可能性があります。(D)事実関係が確認できない段階で、「再発防止に努める」と認めるような内容を投稿するのは、慎重さに欠けます。

10. (C) 一度目の説明が十分に伝わらなかったのですから、同じ言葉で説明しても効果は薄いでしょう。お客様に伝わる言葉で、イメージのわきやすい表現に変えて説明しましょう。

11. (A) お客様は販売のプロであるスタッフの評価や意見を求めています。お客様の感想や意向を汲み取りつつ、客観的視点でのアドバイスを伝えます。

12. (C) (A)もちろんお客様が納得するまでとことん時間を割くのが理想ですが、状況によってはお客様に他の方法を提案することが望ましいです。また、どのような状況でも「ながら応対」はいけません。集中して応対していないことが受話器を通じて伝わるものです。(B)操作を頼める人が身近にいるとは限りません。一方的に決めつけるような応対は適切ではありません。(D)お客様としては混雑している時間だからこそ、再度不明な点が発生した時になかなか電話が繋がらない事態を恐れるはずです。(C)のように、こちらから連絡を入れると約束すれば安心するでしょう。

13. (D) (A)(B)ご家族の訪問は、日頃のケアの様子を見てもらうチャンスです。普段どおりの生活、ケアの頻度・様子を見てもらいます。家族の時間を邪魔しないほうがよいと考えるのなら、「次は〇時頃に〜のチェックで伺います」や「〜のチェックは、お帰りになった後にすることも可能ですが、いかがいたしましょうか」など、あらかじめ声をかけておきましょう。(C)いきなり連絡事項から伝えるのではなく、まずは、ご家族の近況を聞いたり入居者の様子を伝えてコミュニケーションを取ります。その中で、ご家族の気持ちや汲み取り、信頼関係を築いていきましょう。

14. (1) (A) (A)(C) at least 「少なくとも」という意味です。(A)(B) should は「〜したほうがいい、〜すべき」、(C)(D) may は「〜かもしれない、〜してもよい」という意味の助動詞です。

(2) (A) Would you mind 〜 ing で「〜していただいてもよろしいでしょうか」という表現です。とても丁寧な依頼の表現で、接客の場面で多く使われます。loud「大声で」⇔ low「小声で」という意味です。

(3) (D) position には「位置、場所」だけではなく、「職」という意味があります。(A)duty「職務」、(B)performance「成績、業績」、(C)department「部署」という意味で、すべてビジネスの場面でよく使われる単語です。

(4) (B) recommendation は、「おすすめ」という意味の名詞です。(A)(C)がそれぞれ動詞の ing 形（動名詞「〜すること」）になっていますが、前に our「私たちの」という所有格の代名詞があるので、後ろに動名詞は続きません。(A)recommend「〜をおすすめする」、(C) suggest「〜を提案する」、(D) advise「忠告する」という動詞です。

(5) (D) carry には「〜を持ち運ぶ」だけではなく「（店が）商品として取り扱う」という意味があります。接客では便利な表現なので、覚えておくと良いでしょう。(A) handle, (B) deal with は、どちらも「（問題などを）扱う」、(C) bring「〜を持ってくる」が主な意味です。

15. (b) 英語の "mail" という単語は、一般的に「郵便」「郵便物」を指します。ビジネス上で誤解を避けるために、"email" "e-mail" を使う必要があります。

(c) 「レジ袋（ビニール袋）」は、"plastic bag" と言う表現を使います。 "vinyl bag" なども通じない表現です。

(g) 「パソコン」は和製英語で、英語の "personal computer" の略です。また、「ノートパソコン」は "laptop (computer)" "notebook (computer)" などの表現がありますが、日常的には "laptop" がよく使われます。

16. (1) アクセサリー　　(2) リニューアル　　(3) クラスター　　(4) ソーセージ
　　(5) エンジニア

第61回接客サービスマナー検定　2級

【解答と解説】

1. (1) ✕　相手の名前を書き留める必要がありますので、必ず手元にメモとペンを用意してから受話器を取ります。

(2) ✕　次の出勤日まで間が空くので、「次の出勤日に電話」の提案は配慮に欠けます。「お急ぎでいらっしゃいますか」や「いかがいたしましょうか」と相手の意向を伺い、ご要望によっては出張中の上司に連絡を取るなどの対応が望ましいです。

(3) ○　折り返しのご連絡を約束する場合、「遅くとも何時までにご連絡いたします」など、おおよその時間を伝えるか、お客様のご都合のよい時間を聞いておきます。

(4) ○　「部長！奥様からお電話です！」と大きな声で呼びかけるのは配慮に欠けます。「ご家族から」「お身内の方から」と表現し、気まずい思いをされないよう静かに伝えましょう。

(5) ○　携帯電話の留守番電話には、必ずメッセージを残しましょう。こちらから再度連絡するのが基本ですが、緊急時や、何度か電話をしたが繋がらない場合は、連絡依頼を吹き込んでもかまいません。

2. (1) (B)　(A)肌を露出したり、透ける素材の服装は避けます。(C)二連のネックレスは、重なることを嫌う弔事では身につけません。(D)皮革製品を身につけることは殺生につながるのでタブーとされています。最近は、靴や鞄など、小物の皮革素材はそれほど神経質になる必要はなくなっています。金具がついているもの、エナメルなど光沢のあるものは避けます。

(2) (A)　旧暦の月の呼称は、「1月 睦月（むつき）、2月 如月（きさらぎ）、3月 弥生（やよい）、4月 卯月（うづき）、5月 皐月（さつき）、6月 水無月（みなづき）、7月 文月（ふみづき）、8月 葉月（はづき）、9月 長月（ながつき）、10月 神無月（かんなづき）、11月 霜月（しもつき）12月 師走（しわす）」です。

(3) (C)　ドレスコードとは服装指定のことです。格式に応じて、会場の雰囲気を損なわないために、場所や時間帯に応じて求められる身だしなみです。(A)燕尾服は夜の正礼装、(B)タキシードは夜の準礼装、(D)ディレクターズ・スーツは昼の準礼装です。

(4) (A)　正月は「松の節句」と言われ、門松を立てて年神様を迎えたり、おせち料理を食べて無病息災を祈ります。

(5) (B)　水引の種類は、結婚・弔事など繰り返してはいけない（一度結んだらほどけない）「結びきり・あわじ結び」と、何度繰り返しても良い一般的な祝い事に使う「蝶結び」があります。快気内祝いはお見舞いの返礼時の表書きです。病気や怪我は繰り返しては困りますので、一般的に結び切りの祝儀袋を使用します。

3. (A) 役職名は敬称です。よって、役職名＋様は敬称の重ね付けで誤りです。「総務部　部長　近藤様」と書くのが最も適切です。「総務部　近藤部長」も問題ありません。

(F) 「教授」は学問や技能を教えることですので適切ではありません。「教示」は教えて指示するという意味ですが、この場合はもう少し軽いニュアンスで「お知らせくださいませ」が適切でしょう。

(G) 「させていただく」は「（相手の許可を得て）させてもらう」の謙譲語です。この場合「努力する」のは自発的におこなう行為ですから「させていただく」は不要です。「精一杯努力する所存」もしくはシンプルに「精一杯努力いたします」にすると強い決意が伝わります。このように自発的な行為に対して「させていただく」を誤用しているケースが多いので注意しましょう。

4. (1) ✕ 取引先からの招待は、個人ではなく会社に対する招待です。誘いを受けた時は自己判断せず、上席者の確認を取ります。出席する場合は会社の代表としてふるまいましょう。

(2) ✕ ビールと日本酒は7〜8分目程度が適切です。ワインは、香りが溜まるようにグラスの3分の1を目安に注ぎます。また、ソムリエがいるレストランでは、ワインを注ぐのはお店の人に任せます。カジュアルな店では客同士でおこなってもかまいません。

(3) ✕ ワイングラスは持ち上げず、テーブルに置いたまま注いでもらいます。グラスに手を添える必要もありません。

5. (1) (D) 「お伝えする」は、自分が伝える相手を立てる表現です。社内の人に伝えることを社外の人に言う時は、「△△に申し伝えます」と表現します。

(2) (D) 「いたす」は「する」の謙譲語です。お客様が主語の場合、尊敬語「なさる」を使用した(A)「どちらになさいますか」が適切です。自身が主語で、「私は（あなたのために）どちらを選べばいいですか」と尋ねる時は、「どちらにいたしましょうか」と使用できます。

(3) (B) (A)(D)「おすわりになる」は、「座る」の尊敬語として文法上誤りではないものの、幼児や動物に対して使う印象が強いため、接遇の場面では適切ではありません。「おかけになる」が最も適切です。(C)(D)「おかけになられて」「おすわりになられて」は、尊敬表現の「お（ご）〜になる」と「れる・られる」を重ねた二重敬語です。(D)（私が）「記入してもらう」の謙譲語は「ご記入いただく」です。「ご記入する」は、謙譲表現「お（ご）〜する」であり、お客様の行為に使用するのは適切ではありません。

(4) (C) 「伺う」は「聞く」の謙譲語です。尊敬語を使用して「お聞きになっている」や「お聞きになっていらっしゃる」が適切です。

(5) (B) (A)(D)社外の人に対し、社内の人の休みには「お」をつけません。休暇は会社や上司の許可を得て取得するものですから、(C)「頂戴する」、(D)「いただく」を使用すると身内を敬う表現となります。社外の人に対する言葉遣いとして適切ではありません。

6. (1) (C) (A)お辞儀は上体を倒す角度により、15度の会釈、30度の敬礼、45度の最敬礼があります。軽い挨拶程度でよいか、深い思いを伝える場面かを考えて使い分けます。深い反省を伝える時は、45度の最敬礼が適切です。(B)上体を15度倒す会釈が適切です。目礼とは、目の動きまたは、ごくわずかに頭を下げておこなう挨拶です。相手に声をかけられる状況でない時などにおこなうことがあります。同じ軽い挨拶でも、上体を倒したほうが礼儀正しい印象を与えます。(D)和室での挨拶は基本的に座っておこないます。座布団の下座側に降りて丁寧にお辞儀をします。

(2) (C) お互いに名乗った後、左手で名刺入れを持ち、右手で自分の名刺を相手の名刺入れの上に置きます。相手の名刺は左手の名刺入れの上で受け、すぐに右手を添えます。

(3) (A) ビジネスメールは1メール1用件が基本です。タイトルと異なる用件が複数入っていると、タイトルでの判別や検索がしにくいです。また、①、②、③の○囲み数字は、機種依存文字です。受信側の環境によって文字化けする可能性がありますので、使用しないのが無難です。メールを続けて送信するのが気になる場合、最初のメールに「〜の件で、続けて別メールをお送りします」など一言添えておくとよいでしょう。

(4) (B) 議事録は、会議での決定事項や経緯を共有することを目的に作成する文書です。作成者の所見は不要です。会議の目的・日時・場所・出席者・議事内容・決定事項に加え、今後の検討内容を記載するのが一般的です。

(5) (C) どのような場合も、茶菓は必ずお客様から先に出します。

7. (1) ギャランティー、ギャランティ
   (2) ワンオペレーション
   (3) モラルハラスメント
   (4) サブスクリプション
   (5) コピーアンドペースト

8. (1) (H)　　(2) (A)　　(3) (B)　　(4) (E)　　(5) (C)

9. (C) 先に応対していた目の前のお客様を最優先に考えます。応対途中に電話に出てしまうと、電話の内容によっては、応対中であったお客様を長い時間お待たせする可能性があります。また、顔なじみのお得意様であっても、応対中のお客様を差し置いて挨拶したり話しかけたりするのは失礼です。この場合、こちらに向かって歩いてくるお得意様にはアイコンタクトと微笑みで、存在に気付いていることをさり気なく伝えるだけでよいでしょう。

10. (A) 謙譲表現の「かしこまりました」「承知しました」が適切です。また、行き先は「〇〇でございますね」と必ず復唱します。言い間違いや聞き間違いによるトラブルを防ぎ、お客様に安心感を与えます。

11. (C) 自店のアピールは重要ですが、ライバル店を名指ししたネガティブキャンペーンにあたる言動は、自店の品位も落としかねないので慎むべきです。

12. (D) 患者様にとってリハビリテーションスタッフは身近で信頼関係を築きやすい存在なので、医師や看護師に聞きにくいことを聞かれることもありますが、業務の領域を超える内容を安易に答えるべきではありません。患者様に誤解を与えたり、主治医との関係性悪化を招いたりしないよう、発言には十分注意します。患者様からの質問や聞き取ったご不安などは適切な部門に連携します。

13. (D) (A)「確認したつもりでしたが」は言い訳のように聞こえます。(B)「お口に入れられる前で良かったです」は、不手際を軽視しているように受け取られかねません。こちらから先に言う言葉ではありません。(C)ご指摘へのお礼を伝えたり、料金を頂戴しない旨を伝えるより先に、まず誠意をこめたお詫びをすべきです。

14. (1) (A) be in charge of ～「～を担当する」が適切です。in charge of はビジネスでの頻出フレーズですので、覚えておくと良いでしょう。(D) be responsible for ～「～に責任がある」という意味です。「担当者」と「責任者」を近い意味で使うこともあるので、この設問文の場合、 "Mr. Yamakawa will be responsible for it." と言い換えることができます。

(2) (C) 日本語の「ビニール袋、レジ袋」に相当する英語は、 "plastic bag" です。

(3) (D) vacancy は名詞で「空き、空室」、(A)available は形容詞で「利用できる」、(B) vacant (C) unoccupied はどちらも形容詞で「空いている」という意味です。

(4) (D) 前置詞 by は「～ごと、～ずつ」という意味で使うことができます。(A)(D) depending on 「～によって」、(B)(C) instead of は「～の代わりに」という意味の群前置詞です。

(5) (B) appreciate「～を感謝する」という意味です。(A) apologize「謝罪する」、(C) cooperate「協力する」、(D) consider「～を配慮する」が主な意味です。

15. (b) 英語の "baby car" という語は、「(小さな子どもが乗って遊ぶ) オモチャの車」を指します。「ベビーカー (乳母車)」は、 "stroller" "buggy" "pushchair" などを使って表します。

(e) 「ホールスタッフ」は和製英語です。飲食店で食事などのサービスをする接客係は、英語で "server" といいます。他に "waiter (男性) /waitress (女性)" などの表現もありますが、性別を区別せずに使える "server" が一般的です。

(h) 英語の "claim" という単語は、「請求」「主張」という意味です。日本語の「クレーム、苦情」に相当する英語は "complaint" です。

16. (1) ハーブ
(2) ヘルメット
(3) ルーティーン (ルーティン、ルーチンも可)
(4) ジェンダー
(5) カクテル

【解答と解説】

1. (1) ×　移動する際は、皿をテーブルに置きます。グラスを左手に持ち、右手は握手を求められた時などのために空けておきます。もちろん飲食をしながら歩くのはマナー違反です。会話をする時も、皿はいったんテーブルに置きましょう。

   (2) ○　会席料理はお酒との相性を考えて作られている料理です。ご飯と汁物（留め椀・止め椀）は最後に提供されます。コース料理の締めくくりですから、この時点でお酒は控えます。

   (3) ○　割り箸をこすってささくれを取るのは「こすり箸」と呼ばれるマナー違反の箸づかい（嫌い箸）です。

   (4) ×　中華料理は、自分の料理は自分で取るのが基本です。大皿に盛られた料理がターンテーブルに運ばれてきたら、まずは主賓の前にいくよう回し、主賓から順番に自分で料理を取ります。ターンテーブルは時計回りに回すのが基本です。

   (5) ○　方向を間違えると自分のグラスがわからなくなったり、隣の人とぶつかったりしますので注意しましょう。

2. (1) (D)　(A)祝儀袋は金額に見合ったものを選びます。同僚の結婚式の祝儀は3万円程度が一般的ですから、大きく豪華な祝儀袋は不釣り合いです。(B)結婚は「絆を強める」「繰り返さない」という意味を込めて、簡単にほどけない形に結んだ水引（結び切り、あわじ結び）を祝儀袋に用います。蝶結びの祝儀袋は、長寿、出産、子どもの成長の祝いなど、「何度あっても喜ばしい」お祝いごとで使用します。(C)薄墨を用いることがあるのは弔事の不祝儀袋です。（涙で滲んで薄くなったという意味）慶事は濃くはっきりと書きましょう。

   (2) (A)　「献上」は「たてまつる」という意味があり、最上級の敬意をあらわします。たとえば総理大臣や皇族など圧倒的に上位の立場の人に対して使用します。上司や親など身近な人には使用しません。

   (3) (D)　寒中見舞いは、松の内が明けた1月8日から立春までの間に届くように送るのが一般的です。喪中だが年賀状をいただいた時のほか、喪中の方へ挨拶状を出したい時、年賀状を出すのが遅くなってしまった時など、年賀状を送れなかった相手に送ることもできます。

   (4) (B)　(A)傘寿…80歳　(C)白寿…99歳　(D)卒寿…90歳　その他長寿祝いの代表的な呼称として、還暦…61歳、古稀（古希）…70歳、米寿…88歳があります。（年齢は数え年）

   (5) (C)　お中元やお歳暮、災害見舞、七五三や入学祝いなど子どもの成長に関するものは一般的に返礼不要です。いずれの場合も、必ず電話や手紙で感謝の気持ちを伝えましょう。

3. (B) 　「秋涼の候」（しゅうりょうのこう）は 9 月下旬から 10 月中旬頃に使用する時候の挨拶です。発信日が 11 月ですので、「晩秋の候」や「向寒の候」が適切な時候の挨拶です。

(E) 　「厚く御礼申し上げます」が適切です。「御礼」は「厚く」、「感謝する」は「深く」に続くと覚えておきましょう。（例：深く感謝しております。厚く御礼申し上げます。）

(F) 　「我社」は、役職の高い人が社内に向けて使用します。社外文書では「弊社」が適切です。

＊(C) 私儀（わたくしぎ）は「わたくしのことですが…」と遜った表現で「私こと」も使用します。遜る気持ちを表すため、他の文字より少し小さく書いたり、行末に書くことも多いです。

4. (1) ○ 　1 日に膨大な数のメールを受信する人もいます。優先順位を瞬時に判断できるよう、件名はなるべく具体的に書きます。
例：△「打合せの件」⇒○「春期イベント（3/1 実施）打合せ会場の件」

(2) × 　何についての返信かわかりやすいので、同件の場合は「Re：」をつけて返信するのが一般的です。ただし、「Re：」が 3〜4 個付く頃には件名と内容が異なっていることが多いでしょう。話題が変わったら、必要に応じて適切なタイトルをつけ直しましょう。

(3) × 　一言だけのメールは手抜きの印象を与え、失礼と感じられることもあります。「お世話になっております」「ご連絡ありがとうございます」などの簡単な挨拶や、「〜の件、承知しました。引き続きよろしくお願いいたします」などの言葉があると、安心感があります。

5. (1) (B) 　「お回しする」は、たらいまわしのイメージがあるので、「繋ぐ」と表現しましょう。また、指示形の「お待ちください」より、依頼形「お待ちいただけますか」「お待ちいただけますでしょうか」が丁寧です。名指し人に電話を繋ぐ時は、「○○にお繋ぎします（○○に代わります）ので、少々お待ちいただけますでしょうか」と伝えるのが最も適切です。

(2) (B) 　「お越しになられる」は「来る」の尊敬語「お越しになる」＋「れる・られる」の二重敬語です。「お越しになりませんか」が適切です。

(3) (D) 　「拝見する」は謙譲語です。お客様の行動をあらわす言葉として適切ではありません。

(4) (A) 　(B)「〜になります」は、たとえば「敬語を使用すると丁寧な印象になります」のように、変化をあらわす表現です。(C)お召し物に対して「いらっしゃる」と尊敬語を使用するのは不自然な印象です。「素敵なお召し物ですね」が適切です。(D)揃ったのは注文の商品です。尊敬語は使用せず、「ご注文の商品は全て揃いましたでしょうか」が適切です。

(5) (C) 　(A)「伺う」、(B)「お聞きする」、(D)「承る」は「聞く」の謙譲語です。聞いた先の社内の人（松本部長）を立てることになるため、適切ではありません。

6. (1) (A) (B)社用携帯は基本的に社内連絡用です。（名刺に記載している場合はその限りではありません）他社訪問中ですし、お客様に直接連絡してもらうよりも、こちらが連絡を取るのが適切です。「〇〇に連絡を取り、お客様にお電話するよう申し伝えますが、いかがでしょうか」と意向を確認しましょう。すぐに連絡が取れない可能性が高いのであれば、その旨も了承を得ます。(C)次の出社日まで日があく場合は、「お急ぎでしょうか」「いかがいたしましょうか」など相手の意向を伺います。(B)のようにこちらから連絡を入れることも提案できます。(D)会社の代表として電話を取るのですから、相手がどのような目的でも丁寧な応対をすべきです。「申し訳ございませんが、あいにく〇〇は外出しております。いかがいたしましょうか」など、通常通りの対応が基本です。営業電話は断るように言われている場合は、「せっかくですが当社では必要ありません」など、丁寧な言葉で明確に伝えます。

(2) (C) 辞去のきっかけは訪問側がつくります。打合せでの確認事項を復唱し、「本日はお忙しいところお時間をいただき、誠にありがとうございました」などの挨拶をします。

(3) (D) 案内をする時は、お客様の2〜3歩前を先導します。廊下はお客様が真ん中、階段はお客様が手すり側を歩けるよう配慮しましょう。

(4) (C) 和室では、通常、床の間を背にして座る席（床の間に一番近い席）が上座です。

(5) (C) 指示された仕事について、効率的な方法や新たなアイディアは積極的に提案してかまいません。状況によっては身近な先輩に相談するのも悪くはありませんが、指示を与えた上司に直接提案するのがよいでしょう。

7. (1) （プ）ライベート（ブランド）
   (2) （ア）ンテナ（ショップ）
   (3) イン（バウンド）
   (4) ウェ（ビナー）
   (5) （アウト）ソーシング

8. (1) (A)　(2) (D)　(3) (G)　(4) (H)　(5) (B)

9. (A) 若い人の好みがわからないというお客様の困りごとに応えられていません。お孫さんの年齢や好みを聞きながらいくつか商品を挙げるなど、商品選びのお手伝いをすべきです。

10. (B)　相手に寄り添う姿勢なく正論を伝えるだけでは、納得していただくことはできません。ご家族の不安に共感し、代替案を提示するなどの配慮が必要です。また、「皆さん規則を守っていただいている」「例外は認められない」は、やや上から目線の印象を与えかねません。同じ事を伝えるのでも「皆さんにご協力をお願いしております」のほうがやわらかい印象です。

11. (C)　料理の提供が遅いことに不満を抱くお客様に対し、混雑を理由に理解を求めることは適切ではありません。まずはお詫びをし、注文状況や提供できる目安時間を確認してお客様に伝えます。混雑時は特にお客様への目配り、気配りが欠かせません。(A)(B)のように並んで待っているお客様に対して声をかけるなどの配慮が必要です。また、忙しいと所作が粗雑になりがちなので、いつも以上に意識することが大切です。

12. (A)　お客様は販売のプロであるスタッフの評価や意見を求めています。お客様の感想や意向を汲み取りつつ、客観的視点でのアドバイスを伝えます。

13. (C)　(A)クレームは、低めの落ち着いたトーンで応対します。明るく爽やかな第一声で名乗った後、クレームとわかった時点でトーンチェンジしましょう。(B)お客様の話を中断するのは適切ではありません。メモを取りながら聞き、話が一段落ついたところで「お話くださりありがとうございます。私の認識違いがあるといけませんので、いくつか確認させていただけますか」と質問に進みます。(D)複数の解決策が提示可能なら、こちらで決めつけずにお客様に選択してもらいます。お客様に「限られた選択肢の中でも自身で決めた」と思ってもらうことも大切です。

14. (1)　(A)　extend「〜を延長する」という意味の動詞です。(A)(C)until と(B)(D)by は間違えやすいですが、until は「〜まで」という継続、by は「〜までに」という期限を表す前置詞です。(B) postpone「延期する」、(C)expand「拡大する」、(D) stretch「伸ばす」という意味の動詞です。

　(2)　(A)　offer「〜を提供する、用意する」という意味の動詞です。(B) serve「(食事や飲み物を)提供する」(C) need「〜を必要とする」(D) deliver「〜を届ける」という意味の動詞です。

　(3)　(D)　position には「位置、場所」だけではなく、「職」という意味があります。(A)department「部署」、(B)performance「成績、業績」は、それぞれ sales department「営業部」、sales performance「営業成績」と sales とよくいっしょに使われます。(C)duty「職務」という意味です。

　(4)　(B)　「(人)と話す」は、(B) speak to 〜、または (D) speak with 〜 を使います。(A) speak up「声をあげて話す」(C) speak out「はっきりと意見を言う」という意味です。電話で「おつなぎします」という表現は、put 〜 through を使います。

(5) (C)　carry は「～を持ち運ぶ」だけではなく「(店が) 商品として取り扱う」という意味があります。(A) deal は "deal in" で「商品を扱う」という意味で使うことができます。(B) bring「～を持ってくる」、(D)purchase「～を購入する」が主な意味です。

15. (e)　"sign" は動詞で「署名する」という意味です。名詞で「サイン」「署名」は、"signature" を使います。

(g)　「パートスタッフ」は、もともとの英語を省略した和製英語のため、英語で "part staff" だと不十分で伝わりません。「一部の時間に勤務するスタッフ」なので、"part-time staff" "part-time worker" という表現を使います。

(h)　「アンケート」は、もともとフランス語 "enquete" から定着したカタカナ語です。日本語の「アンケート」に相当する英語は "questionnaire" です。

16. (1) シリーズ
    (2) リハビリテーション
    (3) ノブ（ドアノブなどのノブ）
    (4) インセンティブ
    (5) コンプライアンス

【解答と解説】

1.(1)　×　抑揚のない話し方は感情が伝わりにくいです。特に電話は顔が見えないので、相手を不安にさせる可能性があります。適度な抑揚（高低イントネーション）を意識して、感情をこめて話す必要があります。

(2)　○　考えながら話す時は、「あの〜」などの繋ぎ言葉が出るものです。絶対に繋ぎ言葉が出ないようにと思うと、緊張して上手く言葉が出てこなくなるかもしれません。話の着地点を意識する、一文を短くする、ゆっくり話す、間に変えるなどを意識して、少しずつ減らしていきましょう。

(3)　○　メールの利点を活かし、うまく組み合わせて使用しましょう。

(4)　×　言葉を際立たせるポイントは、強調したい言葉の前で間を取ったり、ゆっくり言ったり、強く言うことです。特に、間を取って聞き手の注意を引き付けるのは効果が大きいです。

(5)　○　相手の反応が薄い場合も、焦らず、間を取りながら話しましょう。

2.(1)　○　返信期日を過ぎるのはもちろん、期日間際の連絡は失礼にあたります。出欠をすぐに判断できない場合は、早目にその旨を相談します。返信が遅れてしまったら、まずは電話で謝罪して出欠を伝えますが、お詫びの言葉とお祝いの言葉を添えて出欠はがきも返送しましょう。

(2)　×　招待状に書かれている「平服」とは礼服でなくてもよいという意味であり、普段着という意味ではありません。濃い色のスーツやワンピースなど、上品でフォーマル感のある装い（略礼装）で出席します。

(3)　○　たとえば身内の結婚式と重なった場合は慶事を優先するなど、関係性によっても異なりますが、基本的には人の死にかかわる弔事が優先です。

(4)　○　胸がいっぱいで言葉が浮かばない時は、黙礼だけでかまいません。遺族の方は悲しみの中、多くの弔問客の対応をしています。お悔やみの言葉をかける時は、遺族に負担をかけたり、ほかの弔問客を待たせたりしないよう、簡潔に伝えます。

(5)　○　出棺とは、告別式終了後、故人が納められている棺を火葬場まで送り出すことで、一般参列者が故人と対面できる最期の時です。霊柩車が出発したら車が見えなくなるまで一礼をし、合掌します。

3. (1) (D) (A) ドアに看板はあるが、受付や内線電話を設置していないオフィスもあります。ノックをして応答がなければ静かにドアを開け、中まで通る声で「失礼いたします」と声をかけて入室します。そのまま入口付近に立って誰かが来てくれるのを待つか、入口に近い席の人に声をかけましょう。応答がないからとノックを繰り返す必要はありません。(B) 立っていると、逆に相手に気を遣わせてしまいます。勧められた席に座って待ちます。(C) 担当者が入室したらすぐに名刺交換ができるよう、待っている間に名刺入れを手元に準備しておきます。

(2) (B) 基本的に席次の高い人順に名刺交換をするので、この対応でかまいません。(A) 支給されていない場合は、「内勤のため名刺がございません。頂戴するだけで失礼します」など、名刺がないことを率直に伝えたほうがよいでしょう。「名刺を切らしている」だと、名刺管理ができていないと思われる可能性がありますし、また会う機会がある時に渡さないのも失礼と思われてしまいます。名刺がない場合は、名札を示しながら名乗るのもよいでしょう。(C) 人通りの多いところで名刺交換をするのは避けます。慌ただしくその場で交換をするよりも、目的地に到着して落ち着いた状況で交換をするのが望ましいです。(D) 不要な名刺は処分しないと、たまる一方です。定期的に整理し、社内の規定に則ってシュレッダーにかけるなど適切に処分してかまいません。

(3) (B) 顛末書と始末書は異なります。始末書はミスや失敗、トラブルへの謝罪を伝える反省文としての意味合いが強く、社内処分がおこなわれる場合に作成することが多いです。顛末書は、トラブルやミスの経緯を詳細に説明し、今後の再発防止対策を示す報告書の意味合いが強いです。始末書はもちろん、顛末書も謝罪の言葉を入れるのが一般的です。詫び状は、顧客や取引先などに提出する社外文書です。詫び状には、①謝罪、②トラブルの原因、③今後の改善策の要素が不可欠です。詫び状を出した後に謝罪訪問する、電話でお詫びした後に詫び状を郵送するなど、複数の手段を活用して、信頼回復に努めましょう。

4. (1) (B) (A) (C) 非言語的コミュニケーションとは、言葉以外の手段によるコミュニケーションのことで、表情や視線、しぐさなどの視覚情報と、声のトーンや話すスピードなどの聴覚情報があります。「目は口ほどに物を言う」という言葉があるように、非言語的要素は言語以上に豊富な情報を与えます。相手に安心感や信頼感を与える大きな要素です。(D) アサーティブコミュニケーションとは、相手の意見を尊重しつつ、自分の意見や気持ちを適切に伝えることです。注意をする時は真剣な表情と低めの声でゆっくり伝えるなど、伝えたい内容と非言語的要素を一致させることが重要です。必ず笑顔で伝えるわけではありません。

(2) (A) 共感的な聴き方で大切なのは、自分ではなく話し手に焦点を当てて聴くことです。(B) 「同じ経験があるからわかる」のではなく、経験がなくても気持ちを理解できるのが共感です。自身の経験がある場合、すぐに自身の経験を話したりアドバイスを急いだりしないよう気をつけましょう。(C) 話し手は「悲しい」とは言っていません。聞き手の主観で感情を加えずに聴きます。「ほかに感じたことはありますか」や「悲しいという気持ちもあるのですか」と、質問で気持ちを深く聴く方法はあります。(D) 「私も悔しい」は同感であり、共感ではありません。共感は自分の感情と相手の感情を区別し、相手の感情としてそのまま受け入れることです。

(3) (A) 一度に多くの情報を詰め込むのはわかりにくい話し方です。特に高齢になると、一度に多くの情報を処理するのが苦手になる傾向です。「お手洗いに行きましょう」「お食事に行きましょう」など短い言葉で、こまめに声をかけるとわかりやすいです。

(4) (C) クローズ質問は、「Aは必要だと思われますか」や「AとBのどちらがよろしいですか」など、YES・NOや選択肢での回答、特定の事柄に関して短い回答を得る質問です。焦点を絞った情報収集が可能で、会話の方向付けができます。口数や反応の少ないお客様からも回答を得やすいです。(A)オープン質問は、「どのような内容をご希望ですか」のように、お客様に自由に話してもらう質問です。お客様の情報を広く収集できますが、焦点を絞りたい場合はクローズ質問を活用するとよいでしょう。(B)競合他社に有利な事柄でも、お客様が関心を示せば、必要に応じて情報提供をします。(D)バーバルコミュニケーションは言語的コミュニケーション、ノンバーバルコミュニケーションは非言語的コミュニケーションのことです。自身だけでなく、お客様の非言語的要素（話を聴いている時の表情や頷き、アイコンタクト、姿勢、声のトーンなど）に注目することで、お客様の興味関心を推測することができます。

(5) (C) (A)お客様が求めているのは解決策の提示だけではありません。謝罪はもちろん、現状を把握しようとする姿勢、原因の説明、今後の企業としての姿勢を示すことが重要です。(B)初期謝罪は全面的な謝罪ではなく、お客様に迷惑をかけた、不快な思いをさせたことへの謝罪＝部分謝罪です。たとえこちらに非がないとしても、「ご迷惑をおかけして申し訳ございません」「ご不快な思いをさせてしまい申し訳ございません」と、お客様を怒らせていることに対して謝罪しましょう。(D)自宅の番号や携帯番号などを教えてしまうと、昼夜を問わず対応に追われることもあります。対応者が疲弊してしまわないためにも、連絡をする時は会社からが基本です。

5.(1) (B) (A)届いているのはパンフレットです。物に尊敬語は使用しませんので「届いておりますか」「届いていますか」が適切です。(C)「ご（お）〜する」は謙譲表現です。「ご検討ください」が適切です。(D)「〜やすい」は動詞に付くもので、名詞には付きません。尊敬語「お求めになる」に付けて「お求めになりやすい」が適切です。

(2) (D) 「伺う」は謙譲語です。「お尋ねいただけますか」「お聞きいただけますか」が適切です。

(3) (C) (B)(D)「存じる」も「知っている」の謙譲語ですが、「人」を知っている場合は「存じ上げる」を、「物事」を知っている場合は「存じる」を使用します。(A)役職名も「様」も敬称ですから、「社長様」は敬称の重ね付けで誤った表現です。(D)官公庁などの発行文書などに「殿」が使用されますが、一般的にはあまり使用しません。特に、目上の人には使用できません。

(4) (D) 「させていただいております」は「させてもらう」の謙譲語「させていただく」＋「いる」の謙譲語「おる」の組み合わせですので、二重敬語ではありません。しかし、「させていただく」は誰かの許可を得て「させてもらう」の意味ですから、自発的な行為に使用するのは不自然です。「テニスをしております」が適切です。

(5) (C) (A)「お越しになられる」は「お越しになる」＋「れる・られる」の二重敬語です。(B)「お目にかかる」「ご一緒する」は、両方とも謙譲語です。(D)敬語は尊敬語「召し上がる」の1つしか使用していません。

6. (1) 5　　(2) 100　　(3) 5　　(4) 80　　(5) 25

7. (1) 粉骨　　(2) 多士　　(3) 一意　　(4) 愛語　　(5) 初志

8. (1) (A)　(2) (K)　(3) (E)　(4) (I)　(5) (G)　(6) (B)
(C)厳寒の候…1月　(D)早春の候…3月　(J)新春とは名ばかりの〜…1月　(L)花のたよりも〜…4月

9. (1) (C)　(2) (D)　(3) (G)　(4) (A)　(5) (F)
(B)「ポワレ」はバターや油を使ってフライパンで焼く調理方法の名称です。
(E)「カンパーニュ」はフランスパンの一種で、フランス語で「田舎風パン」の名称です。

10. (A) お客様の意見を肯定したとしても、「でも、〜するべき」と正論を伝えられると、頭ではわかっていても反発する感情が生まれるかもしれません。ほかの選択肢のように、お客様の視点を変えたり、代替案を提示する努力が必要です。

11. (A) スムーズな治療継続のために、次回予約を受けておくのが望ましいです。患者様が予約希望であればいったん受けて、「次の治療の計画もありますので、ご都合が悪くなった場合は、2日前までにご連絡いただけますでしょうか」と、キャンセル（変更）連絡の期限を明確に伝えましょう。

12. (D) (A)食中毒防止上の規則なのですから、安易に例外を作るべきではありません。万が一お客様の体調に異変があった場合は責任問題になる可能性があります。(B)持ち帰りができない理由は伝えた方がお客様の納得を得やすいでしょう。また、この場合は食べきれなかったデザートを持ち帰りたいのですから、お客様の納得を得ないまま他のお菓子をすすめるのは、希望に添った提案とは言えません。(C)持ち帰りをお断りするのは店としての方針ですから「厨房の者が」という表現は適切ではありません。対応の時間稼ぎをしてお客様をお待たせする必要もありません。

13. (B) 社長が業務を把握していないと言い切ってしまうのは、そこを突かれる可能性が高く、リスクがあります。「私がお客様対応の責任者です。私がお話を伺います」で十分です。明らかに常軌を逸した悪質なクレーマーの場合、危機管理としての対応に転換します。悪質クレームは脅迫罪・威力業務妨害にあたる場合もあります。通話録音などで記録を残し、必ず複数人で対応します。法的な知識の理解を深め、いざというときに対応できる準備をしておくことが大切です。

14. (1) (A) この文では、be processed と受け身の形になっています。process は「〜を処理する」という動詞です。(B) claim「〜を請求する」、(C) proceed「進む」、(D) remain「残る」が主な意味です。

(2) (C) (A)(C) fill out「記入する」という意味です。(C)(D) questionnaire「アンケート用紙、質問票」という意味です。"medical questionnaire" で、問診票という表現になります。(A)(B) enquete は、英語としては使いません。

(3) (A) suit, fit, match はどれも「合う、似合う」という意味を持つ語ですが、使い方が異なりますので注意が必要です。suit は「ふさわしい」というような意味で、服などが人に合うときに使います。match は「調和する」という意味で、たとえば服と靴が合っているときなどに使います。fit はサイズが合うときに使います。

(4) (B) (A)(C) apology は「お詫び、謝罪」という意味、(B)(D) appreciation が「感謝」という意味の名詞です。(A) cherish (B) value は、どちらも「大切にする」と訳すことができる動詞ですが、cherish は「かわいがる」など愛情をこめて大切にするイメージ、value は「尊重する」など価値観を大切にする、と言いたいときに使います。ここでは、「おもてなしの精神を大切にする」なので、value がふさわしい表現です。(C) precious「大切な」(D) important「重要な」という意味の形容詞です。

(5) (A) due to「〜のため」という〈理由〉を表す前置詞です。(B) because「〜なので」〈理由〉を表す接続詞、(C) in spite of「〜にもかかわらず」という前置詞、(D) although は「〜にもかかわらず」という接続詞です。前置詞の後ろには名詞、接続詞の後ろには「主語＋動詞」を含む文が続きます。この問題文では、後ろが "a sudden schedule conflict" という名詞なので、空欄には前置詞が入ります。

15. (1) (C) 質問：お客様は、セントラルショッピングモールで何を楽しめますか。
(2) (B) 質問：セントラルショッピングモールでの最大割引はいくらですか。
(3) (D) 質問：そのショッピングモールは、週末は何時に閉まりますか。

【日本語訳】
京都に新しいショッピングモールがオープン！

京都セントラルショッピングモールが、2月24日に開店する予定です。京都中央駅直結のとても便利な場所にあり、55軒のレストラン、20軒のカフェ、美しい水族館、スポーツジム、大きなゲームセンター、映画館を含む200以上の店舗がそろっています。開店セールは開店初日から、3月31日まで開催されます。全店舗で、最大半額のセールをお楽しみいただけます。

営業時間：月曜日〜木曜日　　　午前10時から午後8時まで
　　　　　金曜日　　　　　　　午前10時から午後9時まで
　　　　　土曜日〜日曜日　　　午前9時から午後10時まで

京都セントラルショッピングモール

電話番号：075-000-3333

16.　①（A）　　②（H）　　③（E）　　④（F）　　⑤（I）

【日本語訳】

アポイントを取るための電話

鈴木：おはようございます。XYZ社の鈴木ただしと申します。

　　　ジュディ・フォース様におつなぎいただけませんでしょうか。

秘書：鈴木様、おはようございます。フォースにおつなぎしますので少々お待ちください。

鈴木：おはようございます。鈴木ただしでございます。

フォース：こんにちは、ジュディ・フォースです。

鈴木：今、打ち合わせの予定について、お話してもよろしいでしょうか。

フォース：はい、もちろんです。

鈴木：来週のご予定はいかがですか。

フォース：ええっと・・・、週の前半は出張で出かけているので難しいです。でも、木曜日の朝

　　　　　には戻りますので、木曜日の午後はいかがですか。

鈴木：申し訳ありません、木曜日の午後は都合がつかなくて・・・金曜日の午後はいかがでしょ

　　　うか。

フォース：大丈夫ですよ。

17.（1）キャリア　　（2）ソーサー（コーヒーカップなどの受け皿）

　　（3）テクノロジー　　（4）シャッター　　（5）ダイバーシティ（ダイバーシティーも可）

第60回接客サービスマナー検定　準1級／1級

【解答と解説】

1. (1) ○　傾聴姿勢を示し、お客様の不満を吐き出してもらうことが大切です。

  (2) ×　同じクッション言葉を連発すると、耳障りに感じたり、単なる口癖に聞こえてしまい、せっかくの気遣いが伝わりにくいです。特に「申し訳ございませんが」を連発すると、謝罪が生きません。「恐れ入りますが」「お手数をおかけしますが」「ご足労をおかけしますが」「せっかくお電話いただきましたが」「ご希望に添えず心苦しいのですが」など、クッション言葉はその場に応じてバリエーション豊かに使用すると効果的です。

  (3) ○　クレーム内容と直接関係のない質問に、その都度答える必要はありません。お客様は、その内容を本当に知りたいわけではなく、苛立ち紛れに言葉が出た可能性が高いです。そのような質問が出るくらい不満に思っていることを受けとめましょう。

  (4) ×　組織の代表として応対していることを忘れてはいけません。個人的見解を安易に伝えるべきではありません。組織としての対応方針を常に確認し、「わたくし個人の意見ではなく、弊社の方針としてお伝えします」と伝えましょう。

  (5) ×　根気強く説明を重ねるのは適切ですが、「ですから、先ほども〜」の文言が不適切です。このように言われると、「理解していない自分を責められている、バカにされている」と感じるお客様もいます。「ほかにご提案できることがなく心苦しいのですが」など、お客様への配慮を忘れずに伝えましょう。お客様の理解を得られず時間がかかると、応対側も疲れや苛立ちを感じるものですが、その感情が声に出ないよう注意します。

2. (1) ×　参列する時と同様、不祝儀袋に現金を包み、不祝儀袋ごと現金書留の封筒に入れます。手紙を添えてもかまいません。喪主宛に送付します。

  (2) ○　喪主名がわからなければ、「故○○○○様ご遺族様」でかまいません。ご遺族に電話やメールで尋ねるのはマナー違反です。

  (3) ×　「御芳名」（ごほうめい）は、相手の名前を敬う表現です。返信する際は、「御芳」の2文字をまとめて二重線で消します。「御住所」は「御」だけ消します。

  (4) ○　市販の祝儀袋は、中袋の裏側に金額や住所氏名記入欄が印刷されていることも多いです。その場合は、所定欄だけに記入すれば問題ありません。

  (5) ×　緑色は弔事専用です。紫色は慶弔両用ですが、薄い紫は慶事向けです。共用にするなら濃い紫を選びましょう。

3. (1) (B) (A)名刺交換はテーブル越しにおこなってはいけません。(C)訪問した側が先に差し出すのが原則ですが、訪問者側が明らかに立場が上であれば、訪問を受けた側が先に差し出します。(D)上位者の名刺を名刺入れの上にのせ、もう1人の名刺は机に直接、席の並び順に置きます。どちらが上位者か不明な場合は、どちらの名刺も直接机に置いてかまいません。

(2) (C) 中に誰も乗っていないエレベーターの場合、案内者が先に乗り、ドアが閉まらないように中で「開」ボタンを押し、ドアを手で押さえて「どうぞ」とお客様を誘導するのが一般的です。これは、案内者がエレベーター内の安全を確認する意味もあります。特に、複数のお客様を誘導する時は時間がかかるので、自分が先に乗って「開」ボタンを押すのがスマートです。「お先に失礼します」の一言があるとよいでしょう。すでに誰かが乗っているエレベーターの場合は、中で誰かがボタンを操作してくれているはずなので、外からドアを手で押さえて、先にお客様を案内します。

(3) (B) 顛末書と始末書は異なります。始末書はミスや失敗、トラブルへの謝罪を伝える反省文としての意味合いが強く、社内処分が行われる場合に作成することが多いです。顛末書は、トラブルやミスの経緯を詳細に説明し、今後の再発防止対策を示す報告書の意味合いが強いです。始末書はもちろん、顛末書も謝罪の言葉を入れた方が良いでしょう。詫び状は顧客や取引先などに提出する社外文書です。詫び状には、①謝罪、②トラブルの原因、③今後の改善策の要素が不可欠です。詫び状を出した後に謝罪訪問する、電話でお詫びした後に詫び状を郵送するなど、複数の手段を活用して、信頼回復に努めましょう。

4. (1) (C) 高額商品だからこそ長期的なアフターフォローが必要です。住宅や車などは買い換える機会は少ないですが、お客様からの紹介が顧客拡大の大きな要素です。サービスに満足したお客様からの紹介という観点からもアフターフォローは重要です。

(2) (B) CS調査は日頃のお客様の状況を把握するために、特別な催しやキャンペーン時期、繁忙期を避けて実施するのが一般的です。繁忙期に実施するとお客様に十分な対応ができないためにCSが低下する可能性があります。また、キャンペーン実施中は、日頃のサービス以外の要因で急激にCSが高まることもあります。

(3) (A) 病院の代表電話だからといって感情の伝わらない平坦な印象が好ましいわけではありません。落ち着いた対応は重要ですが、病院に求められる「あたたかさ」が伝わるように意識しましょう。

(4) (C) 現代はインターネットやアプリによるサービスに興味を持つ高齢のお客様も多いです。こちらの判断で説明を省くのではなく、「普段インターネットやスマートフォンは使用されますか」や「ご興味をお持ちでしたらご案内いたしますが、いかがいたしましょうか」などお客様の状況や意向を確認しましょう。

(5) (C) (A)ホスピタリティと生まれながらの感性は関係ありません。自身がサービスを受ける際に、どのようなサービスが心地良いか悪いかを感じ取る習慣をつけるなど、感性を磨くアドバイスが有効です。 (B)マニュアルを超えたサービスとして自身の経験を伝えるのは良いですが、マニュアルは業務の基本とすべきものであり、参考程度と軽視すべきものではありません。(D)ホスピタリティ教育は、ホスピタリティマインドの醸成と、具体的言動でお客様に伝える技術の両面をバランスよく進めると効果が高いです。ホスピタリティの概念も人により異なりますので、理論を学ぶことも一定の効果があります。

5.(1) (C) (A)「差し上げる」は「与える」の謙譲語です。この文の場合、自分と恩師が同等にお嬢様を敬う表現になってしまいます。恩師への敬意がありませんので、適切ではありません。(B)敬語を使用していません。「お渡しください」「お渡しになってください」が適切です。(D)「お楽しみになられる」は「お楽しみになる」＋「～れる・られる」の二重敬語です。

(2) (A) 「いたす」は「する」の謙譲語です。尊敬語の「なさる」を使用して、「お忘れ物をなさいませんよう」が適切です。 (D) 変化を表す言葉「～になります」は、使用に注意が必要です。問題文の場合、快速電車から普通電車に変わるので、「～になります」表現は適切です。変化を表さない時に「こちらがお席になります」と使用するのは誤りです。

(3) (D) (A)「どなた」は「誰」の尊敬語ですので、社内の人に敬意を示すことになり、適切ではありません。「わたくしどもの担当は何という者でしょうか」などが適切です。(B)「ございます」は丁寧語です。お客様や目上の人には尊敬語を使用して「～様でいらっしゃいますね」が適切です。(C)「お伝えする」は自分が伝える相手＝社内の吉田さんを立てる謙譲表現ですので、適切ではありません。「申し伝えます」が適切です。

(4) (A) 「拝読」は「読む」の謙譲語で、「部長が書かれた論文を拝読しました」など、書き手への敬意を含みます。この場合は「部長から借りた雑誌」なので、「拝読」ではなく「読みました」が自然です。

(5) (B)「お目にかかる」は謙譲語Ⅰ（伺う・申し上げる型）で、行為の向かう先を立てる謙譲語です。(A)(C)は謙譲語Ⅱ（参る・申す型）です。謙譲語Ⅱは向かう先を立てる意味はなく、自分の行為を丁重に述べる謙譲語です。(D)「存じ上げる」は謙譲語Ⅰですが、「私は御社の社長を存じ上げております」のように、人を知っている時に使用します。その人を立てるために使用する言葉です。物事は立てる必要がありませんので、謙譲語Ⅱ「存じる」を使用して、「そちらの案件は、私もよく存じております」が適切です。

6.(1) 広東 (2) 四川 (3) 会席 (4) 八 (5) 先
(3) 会席料理と懐石料理は異なります。会席料理は、宴席でお酒とともに楽しむ料理です。懐石料理は茶席で出される、一汁三菜が基本の軽い食事です。

7. (1) Who　　(2) Plan　　(3) Check　　(4) 整理　　(5) 清潔

8. (1) (H)　　(2) (L)　　(3) (D)　　(4) (G)　　(5) (F)　　(6) (E)

9. (1) (G)　　(2) (D)　　(3) (A)　　(4) (E)　　(5) (B)
　　③前文の例
　　「拝啓（頭語）　薫風の候（時候の挨拶）、貴社ますますご清栄のこととお喜び申し上げます。（安否の
　　　挨拶）平素は格別のご高配を賜り厚くお礼申し上げます。（感謝の挨拶）」

10. (D) (A)干渉を好まないタイプというのは推測に過ぎません。最近導入したのですから、戸惑うお客
　　　様がいないか、よく観察する必要があります。(B)勝手に判断せず、まずはお客様の様子を確認
　　　します。戸惑っている様子があれば近くに行って操作方法の説明やお手伝いをするか、状況に応
　　　じてフロントで手続きをおこないます。また、少し距離のあるフロントから声をかけるのも適切
　　　ではありません。(C)チェックイン以外の用件の可能性もありますし、フロントでの手続き希望
　　　のお客様かもしれません。まずはご用件を伺うのが適切です。

11. (D) お客様はバーゲンに対して「安い」のほかに「流行もの（今季一掃）」というイメージがありま
　　　す。せっかく購入しても流行りものであれば、次のシーズン以降袖を通す機会が少ないかもしれ
　　　ないと考えて購入をためらうお客様も多いので、「今シーズン一番人気」「デザインが今年風」と
　　　いう言葉はマイナスの印象を与えかねません。この場合、着回しがきくなど、利用価値の高さを
　　　アピールするのが効果的なセールストークです。

12. (A) リスク回避のため、安全確保の対応は最も重要です。一方、居室は利用者様とご家族にとって大
　　　切な空間です。本人だけでなくご家族への十分な説明、承諾が必要です。

13. (A) 応対者に繋がったばかりの時は、お客様は怒って興奮しています。応対者の人格を否定する暴言
　　　が出ることもあるでしょう。初回の接触ではこのような発言に対して敏感に反応せず、受け流し
　　　て傾聴に徹します。お客様の興奮に隠された思い（①何に困っていて、②何を希望しているのか）
　　　を汲み取ります。お客様の話を受け止めることで、お客様の興奮も徐々に冷めてくるでしょう。

14. (1) (B) regarding「～について」というフォーマルな場面で使える前置詞です。
　　　　　(A) according to で「～によれば」、(C) following「～の後で」、(D) including「～を含
　　　　　めて」という意味です。

　　(2) (A) valuables「貴重品」という意味です。　(B) property「財産」、(C) baggage「手荷物」、
　　　　　(D) importance「重要」が主な意味です。

　　(3) (A) (A)(B) apologize「謝罪する」という意味です。(C)(D) appreciate は「感謝する」という
　　　　　意味です。(A)meet は「～を満たす」という意味で、 "meet one's expectations"で「～
　　　　　の期待を満たす、期待に見合う」というフレーズです。(C) exceed「～を超える」という意
　　　　　味で、 "exceed one's expectations"で「～の期待を超える」となります。

(4) (C) (A)(C)certainly は、日本語の「かしこまりました」に相当する丁寧な返答です。

(B)(D) sure も同じ意味の返答として使えますが、少しカジュアルな表現なので、基本的にお客様への言葉遣いとしては (特に高級店では) ふさわしくありません。ただし、たとえば、LCC 航空会社やファーストフード店などで、フレンドリーさをアピールしたいという理由から、好んで "sure" という返答をサービスに取り入れているところもあります。

(A)(B)assistant は、「アシスタント、助手」と〈人〉を表す名詞、(C)(D)assistance「手伝い、援助」という〈モノ〉を表す名詞です。ここでは「もしお手伝いが必要なら、お知らせください」という意味の文になるので、assistance がふさわしいです。

(5) (B) while「〜する間」という〈期間〉を表す接続詞です。(A)during「〜の間」〈期間〉を表す前置詞、(C) as soon as「〜するとすぐ」という接続詞、(D) until は「〜まで」という接続詞/前置詞です。前置詞の後ろには名詞、接続詞の後ろには「主語＋動詞」を含む文が続きます。この問題文では、後ろが "you are waiting" という文なので、空欄には接続詞が入ります。

15. (1) (D) 質問：B はだれと話したがっていますか？
    (2) (A) 質問：A はいつ郵送物の到着が見込めると述べていますか？
    (3) (B) 質問：B はなぜ電話をかけているのですか。

【日本語訳】
A：ABC 旅行会社でございます。ご用件を承ります。
B：もしもし、坂本会計事務所の坂本 太郎と申します。ショーさんをお願いできますか。私からの電話を待っていると思いますので。
A：ああ、坂本様。ショーからあなた宛の伝言を預かっております。ショーは、会議のため少し席を外さなければならなかったもので。あなたが必要な社員旅行の書類は、昨日そちらの事務所あてに郵送しましたので、一両日中に届くはずだそうです。木曜日までに届かなければ、お電話をくださいとのことです。
B：ちょうど良かったです。まさにその件でお電話したんです。では、目を光らせておきます。うまくいけば週末までに届くということですね。

16. ① (H)　　② (D)　　③ (F)　　④ (C)　　⑤ (E)

【日本語訳】
日付：5月17日

件名：ホテル宿泊日程変更のお願い

エリカ様

東京での新規顧客との重要な会議のため、フランクフルトへの出発が1日遅れることになりました。

ホテルでの滞在は、5月24日から5月26日の3日間となります。

5月23日の予約をキャンセルしてもらえないでしょうか。また、キャンセル料がいくらかかるか教えてください。

急な変更で申し訳ありません。お手伝いありがとうございます。

敬具
ルーカス・ウィリアムズ

17. (1) シロップ
　　(2) デフォルト
　　(3) ニュートラル
　　(4) イレギュラー
　　(5) アーカイブ

第61回接客サービスマナー検定　準1級／1級

【解答と解説】

1. (1) ×　初期謝罪は全面的な謝罪ではなく、お客様に迷惑をかけた、不快な思いをさせたことへの謝
罪＝部分謝罪です。たとえこちらに非がないとしても、「ご迷惑をおかけして申し訳ござい
ません」「ご不快な思いをさせてしまい申し訳ございません」と、お客様を怒らせている事
実について謝罪しましょう。

(2) ○　不当な金銭要求、過大な物品要求、明らかに因果関係がない（言いがかり、いちゃもん）、
業務妨害（長時間、多頻度）、不当な方法（恐喝、暴力）の有無などで総合的に判断します。
悪質クレーマーに対しては、危機管理対応として組織全体で取り組みます。

(3) ×　興奮しているお客様の質問に逐一反応すると、よけいに怒りに火をつける場合がありま
す。お客様が本当に求めているのは質問に対する答えなのか、謝罪なのかを見極めましょ
う。また、応対者のプライバシーや会社の内部情報に関わることをしつこく聞かれたら、
「恐れ入りますが、その情報は公開しておりません」など、回答をお断りします。

(4) ×　話を途中で遮ったり、お客様の自尊心を損なうような応対は禁物です。人は不満をすべて吐
き出してようやく相手の話を受け入れる余裕が出るものです。十分に聴いてから、説明や解
決策の提示をおこないます。また、「誤解を招いてしまい申し訳ございません」など、こち
らの説明が至らなかった点を詫びると、お客様の反発を招きにくいです。

(5) ×　電話応対は顔が見えないぶん、声に感情をこめた応対が必要です。落ち着いて応対するの
はもちろん重要なことですが、淡々とした口調では他人事のように聞こえてお客様の怒り
を増大させるでしょう。「申し訳ございません」の一言にもしっかり感情をこめて表現し
ましょう。

2. (1) ×　骨付き肉の料理を注文すると、たいてい汚れた手をすすぐためのフィンガーボールが出さ
れ、つい手で食べてもよいと思いがちですが、基本的にはナイフとフォークで骨から肉を切
り外して食べます。切りにくい場合、補助的に手で骨を持って支えながら切ってよいという
ことであり、手づかみで食べるのはマナー違反です。

(2) ○　割り箸を縦に持って割ったり、膳の上で割くのはマナー違反です。また、ささくれをこすっ
て落とすのは「こすり箸」という嫌い箸（無作法な箸遣い）です。

(3) ○　主催者のもてなしが十分であることを示すために、回転卓の料理は少し残しておくのが正
式なマナーです。しかし、近年の中国では、フードロス防止の観点から食べ残し文化の見直
しの取り組みがおこなわれています。

(4) ○　西洋のテーブルマナーには危機管理の側面があり、テーブルの上に手をのせておくのは「テーブルの下に武器を隠し持っていない」ことをあらわしたためと言われています。

(5) ✕　まず右手で器を手に取って左手に移し、右手で箸を取り上げ、箸先を左手の薬指と小指の間に挟みます。次に右手を横に滑らせるようにして、静かに箸を持ちかえるのが正しい作法です。箸や器を同時に取り上げるのは「もろおこし」と呼ばれ、やってはいけない作法です。

3. (1) (C)　お互いが名乗った後に同時に名刺を差し出したのですから、この場合は「同時交換」をするのが適切です。自分の名刺を右手で相手の名刺入れの上に置き、相手の名刺は左手に持った名刺入れの上で受け取った後、すぐに右手を添えて両手で持ちます。(B)名刺は「相手や相手の顔」として扱います。相手の目の前で名刺を折る、汚す、書き込むなどはタブーです。名刺への書き込みは、会社に戻って名刺を整理する時にしましょう。

(2) (B)　手土産は紙袋から出して渡すのが基本（紙袋は風呂敷と同じで、ほこり避けと考えられるため）です。ただし、持ち運びの利便性を考え、外出先で渡す場合はひとことことわって紙袋のまま渡しても問題ありません。(A)手土産は基本的に、受付者ではなく担当者に渡します。担当者が入室して挨拶（初対面の場合は名刺交換）をした後に渡すのが通常の流れです。(C)特に初対面の場合は、定番商品を選ぶのが無難です。オリジナリティのある商品を選んだ時は、「私どものオフィスの隣にできた話題のお店で、美味しいと評判のお菓子です」など、選んだ理由を添えると印象に残るでしょう。(D)お詫び訪問の場合、最初に手土産を渡すと、物でごまかそうとしている印象を持たれかねません。十分に説明して許しを得た後、再度深くお詫びしてから「こちら、心ばかりではございますが、お納めください」と神妙な表情で渡します。

(3) (C)　乗り物の3人掛けの真ん中席は、窮屈な思いをするという理由で下座です。席次順は、窓際→通路側→真ん中です。ただし、乗り物の席次はあくまで目安です。席を立ちやすい通路側を好む人もいますし、窓からの日差しや空調の当たり具合、周囲の乗客の様子などによって、快適な席も変わるでしょう。本来の席次を知っていれば、「今の時間、窓際の日差しがかなりきついようです。よろしければ、通路側のお席にされますか」などと声をかけることもできます。迷ったら、相手の意向を確認するのが確実です。

4. (1) (C) 　(A)「～してください」は、依頼形ではなく指示形・命令形です。「～していただけますか」
「～していただけますでしょうか」と、相手の意向を確認するのが依頼形です。クッション
言葉＋依頼形で配慮を伝えます。「～してください」と伝える時は、高圧的な印象を与えな
いよう、表情や声のトーンに気をつけましょう。(B)語尾が弱かったり、消えてしまうと伝
わりにくく、誤解を与える可能性もあります。クッション言葉で相手への配慮を示しつつ、
お願いしたい内容は明確に伝えましょう。(D)引き受けなかった場合のデメリットを強調す
るより、引き受けた場合のメリットを強調するほうが、気持ちが動きやすいものです。もち
ろん、デメリットがある場合は伝えるべきですが、最後はプラスの印象になるように、伝え
る順番も工夫しましょう。

(2) (A) 　「検討します」と相手に期待を持たせる言い方は適切ではありません。「大変心苦しいので
すが、～の理由でお断りせざるを得ません」など、クッション言葉で相手を気遣い、依頼を
受けられない理由も伝えて誠意を示します。

(3) (B) 　「共感」と「同感」は違います。「私もそう思います」や「お客様のおっしゃる通りです」は
同感・同意の言葉です。同感できる場合はそのように伝えてかまいませんが、相手が感じて
いる思いをありのまま受け止めるのが共感です。たとえば「大変ご不快な思いをされたとい
うことですね」「そのようにお感じになったのですね」などの言葉を伝えます。同感・同意
できないからと相手の話す内容を排除せず、共感的姿勢で聴くのが傾聴の基本です。

(4) (A) 　一度に多くの情報を詰め込むのはわかりにくい話し方です。特に高齢になると、一度に多く
の情報を処理するのが苦手になる傾向です。「お手洗いに行きましょう」「お食事に行きまし
ょう」など短い言葉で、こまめに声をかけるとわかりやすいです。

(5) (A) 　柔軟な対応が求められるからこそ、複数の代替案を用意するなど綿密な準備が必要です。
(D)人は自分の利益になる話を聞きたいと思うものです。謙遜し過ぎるよりも、必ずお役に
立てる話だという前向きな言葉をかけるのが効果的です。

5. (1) (D) 　(A)「お求めになる」は「お（ご）～になる」の形の尊敬語です。可能形は「お求めになりや
すい」が適切です。(B)「いたす」は「する」の謙譲語です。お客様に対しては尊敬語の「なさ
る」を使用して「なさいませんよう」が適切です。(C)「ございます」は「～です」の丁寧
語です。「～ている」の丁寧語としては使用できません。「ご用意しております」が適切です。

(2) (C) 　「十分」とは、条件や欲求が満たされ、求めること（言うこと）が何もない状態を表します。
謝罪をする側の言葉遣いとして、適切ではありません。

(3) (A) 　「ご購入される」は、謙譲語の形「ご（お）～する」に、尊敬語「れる・られる」を混同し
た間違い表現です。「購入される」が適切です。

(4) (B) 「召し上がられる」は、尊敬語「召し上がる」＋「れる・られる」の二重敬語です。ほかの選択肢は、「誤った敬語と認識されがちだが、実は問題のない敬語」や「間違った使い方がよく指摘される言葉」を含みます。(A)「ご持参」(C)「お申し付け」は、相手に謙譲語を使用していると認識されがちな言葉です。しかし、文化庁の「敬語の指針」に、以下のように明記されています。※【 】内、文化庁ホームページ　敬語の指針より

【「御持参ください」「お申し出ください」に含まれる「参る」や「申す」は、謙譲語Ⅱとしての働きは持っていないと言ってよい。したがってこれらの表現を「相手側」の行為に用いるのは問題ない。】

ただし、間違った言葉遣いと認識している人も多いため、それぞれ「お持ちになってください」「お声がけください」と言い換えるとよいでしょう。また、(A)「〜になる」は、変化を表す言葉です。選択肢の場合、料金の変化を表すので、問題ありません。(D)「〜のほう」は、方向や、どちらか一方を指す言葉です。選択肢の場合、AとBのうち一方を指しているので、問題ありません。たとえば、「お席のほうはこちらになります」の「ほう」、「〜になる」は誤用で、「お席はこちらでございます」が適切です。

(5) (C) 正しくは、「足元」ではなく、「足」です。「足をすくう」は、相手の隙をついて失敗させるという意味です。

6. (1) 5　　　(2) 100　　　(3) 9　　　(4) 77　　　(5) 50

7. (1) 放　　　(2) 失　　　(3) 万　　　(4) 査　　　(5) 至

8. (1) (G)　　(2) (D)　　(3) (K)　　(4) (H)　　(5) (F)　　(6) (A)

9. (1) (F)　　(2) (G)　　(3) (B)　　(4) (A)　　(5) (D)

(C)バナー広告：ウェブサイト上に掲載される広告の一つ。企業名・商品名・キャッチコピーなどがレイアウトされた横長のスペースに、広告主のウェブサイトへのリンクが貼られている。(E)タウンマネジメント：地域の価値を維持・向上させるための、住民・事業者・地権者等による主体的な取り組みのこと。

10. (B) 安易に「これからが大変」「応援しています」と声をかけるのは、プレッシャーを与えかねません。大きなお世話と感じる方もいらっしゃるでしょう。人生の大きなできごとに関わる時、応対者の一方的な解釈で物事を伝えるべきではありません。たとえば、お客様が「不安ですが、前向きに頑張ります」とおっしゃったら、「ご不安はおありでも、前向きなお気持ちなのですね」と共感するなど、あくまでお客様の気持ちと言葉を大切に受け止めましょう。

11. (D) (A)価格競争が激化する中、個人経営店が価格で勝負し続けるのは無理があるでしょう。店舗やサービスに愛着・信頼を持っていただき、「ネットより高いが、この店で購入したい」と思っていただけるような付加価値をつけます。(B)ネット販売店への顧客流出を防ぐには、お客様との関係を深めることが重要です。そのためには、メインターゲットを明確にします。また、曜日や時間帯によって客層が異なるなら、それによってディスプレイやサービス・接遇を変えるなどの工夫も必要です。(C)購入予定の商品説明だけでは、説明を聞いて納得したお客様は、結局インターネットで最安値を検索して購入されるでしょう。「なぜそちらの商品に興味を持たれたのですか」「これまでに〜でお困りだったことはございませんか」などの質問で潜在的ニーズを見つけ、対面店舗ならではの提案で信頼獲得に努めます。

12. (D) 身内の悪口や入居者同士の悪口に同調してしまうとトラブルを招く可能性があります。話はじっくり聴きつつも「お身内のことは難しいですね」「一つ屋根の下で暮らしていると色々ありますね」などと中立的立場で共感姿勢を示すべきです。

13. (B) 「弁護士や消費者センターに言う」と言われた時に、うろたえた様子を見せたり、「それは困る」という応対は適切ではありません。こちらが法令を遵守しているのなら、問題のないことです。「それはお客様のなさる事なのでわたくしどもでは何も申し上げることはできません」や「然るべき第3者機関からご連絡があった場合、対応いたします」と受けます。

14. (1) (D) consideration「配慮、思いやり」という意味です。(A) permission「許可」、(B) cooperation「協力」、(C) appreciation「感謝」という意味です。

(2) (D) fit「〜に合う」という意味です。「(服などの) サイズが合う」というときによく使いますここでは「上の棚」つまり「場所・スペースに合う、収まる」という意味で使われています。(A) put「〜を置く」、(B) enter「〜に入る」、(C) suit「(服などが) 似合う」が主な意味です。

(3) (C) process「〜を処理する」という意味です。 この文では be processed と受け身の形で、直訳すると「免税手続きは処理される」となります。(A)proceed「進む」、(B)remain「残る」、(D)claim「〜を請求する」が主な意味です。

(4) (C) instead of〜「〜の代わりに」という意味です。「ビールの代わりにハイボール」のようにモノにも使えますし、「同僚の代わりに私」のように人にも使えます。(A) on behalf of〜「(人)の代わりに、(人や組織)を代表して」、(B) in charge of〜「〜を担当して」、(D) in addition to〜「〜に加えて」という意味です。

(5) (B) priority seat で「優先席」です。以前よく使われていた「シルバーシート」は和製英語なので、(C) silver seat は間違い表現です。(A) superior は、形容詞として使うときは「上位の」「すぐれた」、名詞として使うときは「上司」「目上の人」、(D) advantage は「利点」が主な意味です。

15. (1) (D) 質問：お客様は、このお知らせをどこで見ることができると考えられますか。
    (2) (A) 質問：どのような場合に、お客様はカウンターへ行きますか。
    (3) (C) 質問：北ターミナルには、いくつのカウンターがありますか。

【日本語訳】

　ご案内カウンターでは、お客様に空港に関するあらゆるご案内・サービスを提供し、ターミナル内でお困りの際にはお手伝いをさせていただきます。

　航空便や交通アクセス、空港施設などについてのご案内から、迷子の受付、車いすやベビーカーの貸出しにいたるまで、サポートいたします。また、紛失物などについてもどうぞお気軽にご相談ください。カウンターのコンシェルジュが、おひとりおひとりのお客様のお問い合わせに喜んでご対応いたします。

　空港内には、全部で8か所、「？」マークのご案内カウンターがございます。北ターミナルは、1階に2か所、2階に3か所、3階中央に1か所カウンターがございます。南ターミナルには、国内線出発エリアの2階に2か所ございます。

16. ① (A)　　② (J)　　③ (G)　　④ (C)　　⑤ (I)

【日本語訳】

件名：弊社のお盆休暇

ホワイト様

　弊社では、東京本社以外の日本のすべての事務所と工場を8月11日から16日までお盆休業とさせていただきますので、お知らせ申し上げます。東京本社の休業は、8月13日から16日まででございます。

　この期間中に、もし何か緊急のご質問や問題がございましたら、どうぞ
tkomatsu@abctokyooffice.co.jp、または＋81(0)3-1234-5678までご連絡ください。

　ご不便をおかけしまして申し訳ございませんが、どうかご了承のほどよろしくお願いいたします。

　　敬具
　　小松　隆

17. (1) ライセンス
    (2) ティッシュ
    (3) インフルエンサー
    (4) デザート
    (5) ワクチン

第 62 回接客サービスマナー検定　準 1 級／1 級

【解答と解説】

1. (1) ×　アサーティブの基本に自己開示があります。お互いを理解し合い、良い関係を持つには、勇気をもって自己開示することも大切です。自分の気持ちを隠さず、あえて「少し言いにくいのですが、大事なことなので聞いていただけますか」と伝えてもよいでしょう。相手にも自分にも率直であろうとする姿勢が大切です。

(2) ×　言葉と言葉以外の部分が一致していないと相手を混乱させます。注意や指導をおこなう時は真剣な表情で、指導後は笑顔で声をかけるなどのメリハリをつけるとよいでしょう。

(3) ○　「私は」を主語にして「私は〜してもらえると助かる」「私は〜と考えます」と伝えるのが I（アイ）メッセージです。一方、「あなたはなぜ〜なのか」など、「あなたは」を主語にするのは YOU（ユー）メッセージです。ユーメッセージは相手を非難する言い方になりがちなので、相手へのリクエストはアイメッセージで伝えるのが効果的です。

(4) ○　話を聞くことも相手への配慮です。相手の状況を理解したうえで、改善に向けて取れる具体的な行動を一緒に検討したり、提案として伝えます。

(5) ×　「みんなが困惑している」「○○さんが〜と言っている」と、第三者を持ち出すのではなく、「周囲も困惑するのではないかと（私は）心配です」などアイメッセージで伝えます。そのうえで、「これまでされていた手順が変わるとやりにくい部分もあるかと思いますがルール遵守のご協力をお願いできませんか」と、配慮の言葉を入れてリクエストを伝えます。

2. (1) ×　参列する時と同様、不祝儀袋に現金を包み、不祝儀袋ごと現金書留の封筒に入れます。手紙を添えてもかまいません。喪主宛に送付します。

(2) ×　出棺とは、告別式終了後、故人が納められている棺を火葬場まで送り出すことで、一般参列者が故人と対面できる最期の時です。告別式に参列したら、出棺の儀式にも立ち会うのが一般的です。霊柩車が出発したら車が見えなくなるまで一礼して合掌します。

(3) ×　「御芳名」（ごほうめい）は、相手の名前を敬う表現です。返信する際は、「御芳」の 2 文字をまとめて二重線で消します。「御住所」は「御」だけ消します。

(4) ○　たとえば身内の結婚式と重なった場合は慶事を優先するなど、関係性によっても異なりますが、基本的には人の死にかかわる弔事が優先です。

(5) ×　緑色は弔事専用です。紫色は慶弔両用ですが、薄い紫は慶事向けです。共用にするなら濃い紫を選びましょう。

3. (1) (B) (A)名刺交換はテーブル越しにおこなってはいけません。(C)訪問した側が先に差し出すのが原則ですが、訪問者側が明らかに立場が上（発注側など）であれば、訪問を受けた側が先に差し出します。(D)上位者の名刺を名刺入れの上にのせ、もう1人の名刺は机に直接、席の並び順に置きます。どちらが上位者か不明な場合は、どちらの名刺も直接机に置いてかまいません。

(2) (B) 「このまま話せる」と言われても、電車で移動中の相手に仕事の詳細を話すべきではありません。公共交通機関での通話はマナー違反ですし、音声が聞こえにくい、メモを取りにくいなど、情報が正確に伝わらない可能性があります。情報漏洩に繋がるリスクもあります。用件を簡潔に伝え、「詳細はあらためてお電話いたします。ご都合のよいお時間を教えていただけますでしょうか」と確認するのが適切です。(C) (D)ショートメッセージ(SMS)は文字数に制限があるものの、携帯電話に直接メッセージを送ることができるので、近年はビジネスの連絡でもよく使用します。ただし、SMS利用の習慣がない人もいるので、初めて送る場合は「SMSで失礼します」の一文があると良いでしょう。また、先方が自分の携帯電話番号を登録しているとは限りません。SMSでもメール同様、最初の名乗りは省かず書きましょう。

(3) (D) オンライン会議のメリットとして、終了後すぐに自分の仕事に戻れて効率的な点があります。議題を終えたら速やかに終了します。上席者に遠慮して退室のタイミングに迷う人も多いので、ホストが終了の挨拶をしてミーティングを閉じると、参加者も気を遣わずにすむでしょう。コミュニケーション活性化のために意図的に雑談時間を取る場合は、時間を決めておこないましょう。

4. (1) (D) 従業員満足は待遇面だけでなく、人間関係や仕事のやりがいなども指します。仕事に対してやりがいと誇りを持って取り組める風土があると、サービス向上に取り組む意欲が持て、業績が上がるとされます。

(2) (D) (A)物を渡す時は相手の向きに変えます。はさみを渡す時に持ち手を相手に向けるのと同様、ペンを渡す時も横向きではなく、持ち手を相手に向けて（ペン先を自分側に向けて）渡すのが適切です。(B)指し示す時は、視線もそちらに向けたほうがわかりやすいです。指し示しの最初と最後はお客様と視線を合わせましょう。(C)挨拶や会話は斜め45度の立ち位置が好ましいですが、謝罪の時は誠意を見せるためにも真正面から応対します。

(3) (A) 一度に多くの情報を詰め込むのはわかりにくい話し方です。特に高齢になると、一度に多くの情報を処理するのが苦手になる傾向です。「お手洗いに行きましょう」「お食事に行きましょう」など短い言葉で、こまめに声をかけるとわかりやすいです。

(4) (B) お客様をクールダウンさせる手法として、(A)「時を変える」、(D)「場所を変える」とともに、「人を変える」も有効です。特に、一度関係がこじれてしまうとその後の交渉も上手くいかず、応対者も精神的に疲弊します。確実に内容を引き継ぎ、上席者対応に切り替えるのが、双方にとって得策です。

(5) (C)　土下座の強要は「強要罪」に該当する可能性があります。「威力業務妨害罪」は、1日に何度も長時間にわたり要求を電話で繰り返す、毎日来店して長時間クレームを言い続けるなど、威力を用いて業務を妨害するものです。そのほか「侮辱罪」「脅迫罪」「名誉毀損罪」などに該当する場合もあります。こちらが誠意を見せて対応してもこのような行為が続く場合、対応の打ち切りや警察への通報を視野に入れるのが一般的です。

5.(1) (D)　「伺う」は謙譲語です。「お尋ねいただけますか」「ご確認いただけますか」が適切です。

(2) (D)　自分がメインで誰かを連れて行く場合は「帯同」、相手がメインで自分は付いて行く立場なら「同行」を使用します。お互い対等の立場である時も「同行」を用います。(A)自分の担当取引先に部下を連れて行くのであれば「帯同」が適切です。部下の担当取引先に付き添うのであれば「部下に同行して」が適切です。(B)「参る」は謙譲語　で、向かう先（御社）を立てる意味がありません。謙譲語　の「伺う」が適切です。(C)「随行」は目上の人や自分より地位の高い人に付き従うことです。

(3) (D)　(A)「いただく」は「食べる」の謙譲語ですので、適切ではありません。(B)「ご乗車になられる」は「ご乗車になる」＋「れる・られる」の二重敬語です。(C)「ございます」は丁寧語で、相手への尊敬はこめられていません。尊敬語を使用して「○○様でいらっしゃいますね」が適切です。

(4) (A)　(B)「ご笑納」は、「つまらないものですが、笑ってお受け取りください」という意味があり、主にお中元やお歳暮を贈る際に使われます。(C) (D)「著書」の尊敬語は「貴書」です。「小著」は謙譲語です。

(5) (B)　(A)「主治医の先生」や「いらっしゃる」と、患者の前で医師を敬う表現をするかどうかは、医療機関の方針によります。しかし、最近は医師も医療スタッフと捉える傾向があるので、やや違和感があります。(C)「～になります」は、状態の変化などをあらわす言葉です。この場合の使用は適切ではありません。シンプルに「こちらが手術着です」や「手術着はこちらです」が適切です。(D)「召し上がられる」は、「召し上がる」＋「れる・られる」の二重敬語です。「召し上がっても問題ありません」が適切です。

6.(1) Plan　　(2) 実行　　(3) 評価（確認も可）　　　(4) Action　　　(5) 改善
※（1）（4）は、すべて大文字や小文字でも正解とする。

7.(1) 拝啓　　(2) 下　　(3) 起　　(4) 旧　　(5) 査

8.(1) (H)　　(2) (D)　　(3) (G)　　(4) (L)　　(5) (F)　　(6) (E)

9.(1) (F)　　(2) (D)　　(3) (C)　　(4) (B)　　(5) (E)
　(A) 炊き合わせのことであり、煮物の呼称です。　　(G) 焼き魚の呼称です。

10. (A)　(B)自身のイメージで選択するのではなく、お客様に選択してもらいます。特に、○○だから何色（柄）がいいという決めつけは現代の風潮に合いません。(C)慶事は右、弔事は左の包装紙が上になるよう重ね合わせます。(D)環境保護への観点などから過剰包装を好まない方も多くいらっしゃいます。特に自宅用の商品の場合、シンプルな包装を好む方も多いです。包装方法をお客様に選択してもらうのもよいでしょう。

11. (B)　笑顔で誉め言葉を伝えてくださったことに安心してしまい、お客様のご不満内容への対応が不十分です。空調の効きが悪かったことについて丁重に謝罪し、速やかな確認や改善を約束すべきです。不満や怒りを伝えられても、穏やかな口調だったり、控え目な口調だったりすると、たいしたことはないと思ってしまいがちですが、不満や怒りの表現方法はお客様によって違います。お客様の言葉に注意深く耳を傾けましょう。

12. (D)　飲食店は全てのお客様が快適に食事を楽しめる場所を提供するのも大事なサービスです。迷惑行為をおこなっていたのですから、そこはご理解いただき、協力を求める必要があります。

13. (C)　ジムに通う目的が明確なお客様ですから、効果的なプログラムを提示してモチベーションを高めることが入会につながります。しかし、ほかのマシンに興味がある状態で勧めても集中できませんし、希望を聞いてもらえないと不満に思われるかもしれません。まずはある程度ご希望に応えたうえで、目的達成に向けてのプログラムを紹介すると良いでしょう。

14. (1) (D)　"Certainly"日本語の「かしこまりました」に値する丁寧な表現です。お客様の名前がわかる場合は、Mr. ～, Ms. ～などのお名前、わからない場合は男性には"sir"、女性には"ma'am"と添えると、より丁寧な印象になります。"Sure"や"OK"などの返答も間違いではありませんが、丁寧さに欠け失礼にあたる可能性があるため、特に高級店での接客やビジネスの場では"Certainly"を使います。　たとえば、カジュアルなサービスを特徴とするファーストフード店やLCC航空会社など、好んで"Sure"という表現を使う企業や店舗もあります。(A)sincerely「誠実に、心から」、　(C) definitely「絶対に」が主な意味です。

(2) (D)　(B)(D) fill out「記入する」という意味です。(C)(D) questionnaire「アンケート用紙、質問票」という意味です。　"medical questionnaire"で、「問診票」という表現です。(A)(B) enquete「アンケート」はフランス語から来た言葉で、英語としては使いません。

(3) (B)　(B)(D) apologize「謝罪する」という意味、(A)(C) appreciate は「感謝する」という意味です。(B)meet は「～を満たす」という意味で、"meet one's expectations"で「～の期待を満たす、期待に見合う」というフレーズです。(C) exceed「～を超える」という意味で、"exceed one's expectations"で「～の期待を超える」となります。

(4) (A) due to「〜のため、〜のせいで」という理由を表す前置詞です。 (B) because「〜なので」理由を表す接続詞、(C) instead of「〜の代わりに」という前置詞、(D) despite「〜にもかかわらず」という前置詞です。(B) due to と (A) because は、どちらも「理由」を表す語で意味は同じですが、前置詞は名詞の前、接続詞は「主語＋動詞」を含む文の前にくる、という文法上の違いがあります。ここでは、空欄の後ろが "the heavy snowstorm" という名詞なので、前置詞である "due to" が正解です。接続詞 "because" の代わりに、前置詞 "because of" であれば、同様に空欄に入れることができます。

(5) (B) notice period で「通知期間（特に、退職する際の事前通知期間）」です。この notice は「お知らせ、通知」という意味の名詞です。(A) announce「発表する、公表する」、(C) inform「知らせる」、(D) prepare「準備する」という意味の動詞です。

15. (1) (D) 質問：A はどこで働いていますか。
    (2) (D) 質問：B によると、彼は 12 月に何をしますか。
    (3) (A) 質問：なぜ B は「水曜日は 5 時まで部門会議があります。」と言ったのですか。

【日本語訳】
A：お電話ありがとうございます、ABC トラベルクリニックでございます。いかがなさいましたか。
B：こんにちは、ダニエル・マルティネスと申します。12 月に香港に出張に行くのですが、出発前にいくつかの予防接種を受ける必要があります。来週、予約の空きはありますか。
A：かしこまりました、マルティネス様。すぐにお調べいたします。そうですね、来週の水曜日でしたら、いくつか空きがございます。午後 5 時はご都合いかがでしょうか。
B：すみません、水曜日は 5 時まで部門会議がありまして・・・。
A：では、5 時 30 分はいかがですか。その時間までにこちらにお越しいただくことはできますか。
B：はい、それなら問題ありません。ご親切にありがとうございます。では、そのときに。

16.　①　(A)　　②　(G)　　③　(J)　　④　(B)　　⑤　(E)

【日本語訳】

件名：本日の製品開発に関する打ち合わせへのお礼

ウィリアムズ様

本日は、弊社との共同製品開発についての打ち合わせを誠にありがとうございました。

本日いただいたすばらしい情報と貴重なアイデアに、心からの感謝を申し上げます。有意義な議論であり、目標に向けた成功への第一歩となったと信じております。

2週間後の次の会議を楽しみにしておりますので、今後ともどうぞよろしくお願いいたします。あらためまして、ご協力誠にありがとうございます。

敬具
吉川なな

17.（1）テーマ
　　（2）ストラテジー
　　（3）バーチャル
　　（4）ジュエリー
　　（5）ラザニア

接客サービスマナー検定　準1級／1級　2次試験について

■試験について■

グループ面接（相対評価）・シチュエーション実技（絶対評価）　を合計して60%以上のポイント取得が合格の目安

〈グループ面接〉※1級は個人面接

【チェックポイント】

- 状況に合わせた表情ができているか
- 姿勢は美しいか
- 身だしなみは整っているか
- 声の大きさは適切か
- 簡潔に話しているか

〈シチュエーション面接〉（個人・準1級）

シチュエーションカードに基く個人面接ではカードに書かれている係員として1から4の状況において接客を行っていただきます。1から4の状況はすべて同じ場面・時間に起こっているとし、優先順位をつけて「なぜ、先に応対するのがいいと思ったのか」ご自身の考えを説明してから接客してください。　必ずしも順番通りに接客するのがいいというわけではありませんのでご注意ください。なお、シチュエーションは受検者それぞれに異なります。

例）あなたは百貨店の洋服売り場で働いています。

　　セール中で店内はたくさんのお客様でにぎわっています。

　　以下の状況において接客を行ってください。

1.・・・・・・
2.・・・・・・
3.・・・・・・
4.・・・・・・

　　　　＜注意事項＞
- 優先順位をつけて何番のお客様から応対するのか報告してください
- なぜそのお客様の応対をしたのか理由を説明してください。
- 実際お客様がその場にいると想定してお声掛けしてください。

『私は最初に○番のお客様の対応をいたします。（　　　その理由　　　）だと思いますので「（お客様に対する声掛け）」と言って対応します。　その次に○番の・・・・・』

【チェックポイント】

- 状況に合わせた表情ができているか
- 正しい優先順位でお客様に声をかけているか
- 正しい敬語はつかえているか
- 立ち居振る舞いは美しいか（姿勢・指先等）
- 事実確認が出来ているか
- 話すスピードは適切か
- 言葉癖がないか
- お客様に対して状況説明が出来ているか
- 面接官に対して状況説明が出来ているか
  その際の言葉遣いは適切か
- 後でご案内するお客様への配慮はあるか

接客サービスマナー検定　参考資料

【敬語の役割と種類】

　人にはそれぞれ年齢、立場、親しさ、社会的地位などの差があります。これらの差を埋め、コミュニケーションをスムーズにする働きを持つのが敬語です。敬語には「丁寧語」「尊敬語」「謙譲語」の３種類があります。

丁寧語

　「お」「ご」などの接頭語をつけて相手への敬意を表し、丁寧にして表現する方法。

[丁寧語の作り方]
①「お」や「ご」をつける
②敬称をつける　→　「～さん」「～様」
③「～です」「～ます」「～でございます」等をつける

尊敬語

　お客様や上司等目上の方に相手を敬って使う言葉。相手の動作や状態を高めて表現する方法。

[尊敬語の作り方]
①動詞に「～れる」「～られる」をつける
②動詞を「お～になる」「ご～なさる」に当てはめる
③言葉を言い換える

普通の言い方	尊　敬　語
する	なさる
いる	いらっしゃる・おいでになる
行く	いらっしゃる・おいでになる
来る	いらっしゃる・お見えになる・お越しになる
食べる	召し上がる
見る	ご覧になる

NPO 法人日本サービスマナー協会

謙譲語

　　自分をへりくだって言う時に使う言葉で、間接的に相手を敬う表現方法。

［謙譲語の作り方］
①動詞を「お（ご）〜する」「お（ご）〜いただく」に当てはめる
②言葉を言い換える

普通の言い方	謙 譲 語
する	いたす
いる	おる
行く	伺う・参る
来る	参る
食べる	いただく
見る	拝見する

間違いやすい敬語表現
　二重敬語（過剰敬語）
・ おっしゃ られる　　　　　　⇒　おっしゃる
　　　「おっしゃる」の尊敬語に、「られる」の尊敬語をつけている。
・ ご覧 になられましたか　　　⇒　ご覧になりましたか
　　　「ご覧になる」の尊敬語に、「られる」の尊敬語をつけている。

　相手に対して謙譲語を使っている
・ ○○様でございますか　　　⇒　○○様でいらっしゃいますか
　　　「ございます」は謙譲語なので、自分（側）に使う。
・ おられますか　　　　　　　⇒　いらっしゃいますか
　　　「おる」は謙譲語なので、自分（側）に使う。
　　　「おる」の謙譲語に、「られる」の尊敬語をつけ、矛盾した二重敬語になっている。

　その他
・コーヒーでよろしかったでしょうか　⇒　コーヒーでよろしいでしょうか
　　　　今現在の話しをしているときに、過去形を使うのは間違い。現在形を使う。
・お名前を頂戴できますでしょうか　　⇒　お名前をお願いできますか
　　　　　　　　　　　　　　　　　　　（お名前をお教えいただけますでしょうか　など）
　　　　「頂戴する」は、物を貰うときに使う。
・1,000円からお預かりいたします。　⇒　1,000円、頂戴いたします。

NPO法人日本サービスマナー協会

【7大接客用語】

　お客様をおもてなしするときに、場面に合わせた挨拶や声かけを行うことは、接客サービスの基本です。心をこめて自然に発することで、お客様に与える印象も一層良くなります。

い	いらっしゃいませ	来店されたとき
か	かしこまりました	要望に応えるとき
も	申し訳ございません	お詫びをするとき
お	お待たせいたしました	待たせたとき
お	恐れ入ります	何かを尋ねるときや、お声かけをするとき、要望に応えられないとき
あ	ありがとうございます	感謝の気持ちを伝えるとき
し	少々、お待ちいただけますか	待たせるとき →「お待たせいたしました」と必ずセットで使う

【態度】

座り方
① 背筋をまっすぐ　※椅子と背中の間は、こぶし1個分空ける
② 男性：足は方の幅　　女性：膝を揃える
③ 足や腕を組まない

歩き方
① 背筋を伸ばして肩を揺らさずに
② あごを引いて、膝をのばす
③ 足をひきずったり、大きな足音をたてない

物の授受
① 両手で
② 相手の方向に向けて
③ 胸の高さで
④ 相手の目⇒物⇒相手の目　※「〜でございます」と笑顔・心を添えて

NPO法人日本サービスマナー協会

【お辞儀の種類】

お辞儀には、「会釈」「敬礼」「最敬礼」の３種類があります。挨拶に加えて、お辞儀の種類を使い分けることで、相手への敬意や感謝、お詫びの気持ちを的確に表現することができます。

お辞儀の種類

お辞儀の種類	使い方	角度	挨拶
会釈	部屋の入退室、廊下で人とすれ違ったときなど	１５度	「失礼いたします」「お待たせいたしました」「少々お待ちください」など
敬礼	一般的なお辞儀、お客様を迎えるときなど	３０度	「いらっしゃいませ」「お待たせいたしました」「ありがとうございます」など
最敬礼	お客様のお見送り、お礼、お詫びのときなど	４５度	「申し訳ございません」「ありがとうございました」など

分離礼と同時礼

３種類のお辞儀の仕方には、「同時礼」「分離礼」の２種類があります。

〔同時礼〕言葉とお辞儀を同時に行うこと　　　　　　　→日常的な挨拶など

〔分離礼〕言葉を先に言ってから、お辞儀をすること　　→改まったお詫びやお礼など

【お客様に好感を与える身だしなみ】

どんなに優れた人材でも、身だしなみが整っていなければ第一印象でお客様は良い印象を持ちません。お客様に良い印象を与えるための身だしなみの基本を心得ましょう。

身だしなみの基本

①外見の第一印象でお客様は個人、企業のイメージに繋げる

②身だしなみの乱れは心の乱れ

③身だしなみとおしゃれの違いを認識する

身だしなみの心得

①清潔感

　身体も衣服も清潔にし、お客様に不快感を与えないようにする

②機能性

　仕事がしやすく安全性を考える。TPO に合わせる

③健康的

　明るく健康的な身だしなみは好感を与える

④品格

　会社の代表として企業のイメージに適した品格が必要

⑤控えめ

　個性を強調しすぎることはビジネスではマイナスイメージとなる

NPO 法人日本サービスマナー協会

【席次】

お客様には上座をすすめ、客側・会社側とも上位の人が上席になるようにします。基本的には部屋の奥が上座、入口近くの席が下座です。また一般的にソファが上座、一人掛け椅子が下座です。

応接室の席次

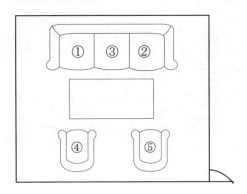

車の席次

運転手がいる場合とお客様や上司が運転する場合は席次が異なるので注意しましょう。

【運転手がいる場合】

【お客様や上司が運転する場合】

列車の席次

進行方向や窓側、通路側に注意しましょう。

【4人掛け】

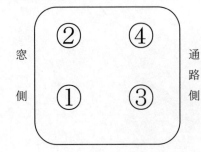

【6人掛け】

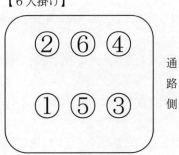

【電話対応】

電話はビジネスに欠かせない道具ですが、相手に姿が見えないという安易な気持ちで対応せず、見えないからこそ真心を込めた対応が必要です。また電話の特性を理解した上で対応するように心掛けなければなりません。

電話の特性

①相手が見えず、相手の都合が分からない

・一方的な連絡になるため、相手の都合を確認する

・相手が忙しい時間（月末・月初・五十日・月曜日の午前中・始業時・終業時）は避けて電話をする

②声だけが頼り

・適切な敬語を使い、丁寧で好感の持たれる話し方を心掛ける

・同音異義語や分かりにくい表現に注意する

　　１（いち）と７（しち）　・期間と機関・　約２０（やくにじゅう）と１２０（ひゃくにじゅう）

・相手の話はメモを取りながら聞く

・あいづちを忘れない

・相手に伝わるように明るい声ではっきりと話す

③有料である

・会社が料金を負担していること、相手の時間を拘束していることを自覚し、長電話をしない。

④電話機は感度良好

・半径４メートル位の音が伝わると言われているため、周りの雰囲気も伝わることを配慮する。

電話をかける前の準備

①筆記用具の用意

②用件を整理　５Ｗ２Ｈで確認する

（When いつ ・ Where どこで ・ Who だれが ・ Why なぜ ・ What 何を ・ How どのように

　How much いくら）

③相手の電話番号・会社名・役職名・氏名の確認

④必要書類の用意

NPO 法人日本サービスマナー協会

電話のかけ方

①電話をかける前の準備をする

↓

②先方が出たらこちらから名乗り、挨拶をする

↓

③相手を指名する

↓

④相手を確認し、用件を伝える

↓

⑤挨拶をして電話を切る

（電話をかけた方から切るのが原則だが、相手が目上の方や得意先であれば相手が切ってから切る）

電話の受け方

②３コール以内に出る。３コール以上鳴ったら、「お待たせいたしました」とひとこと添える

↓

③受話器を取ったら、こちらから名乗る

↓

④相手を確認し、挨拶を交わす

↓

⑤用件を聞く

↓

⑥取り次ぐ場合は電話を保留にし、取次者に要領よく用件を伝える

↓

⑦挨拶をして、相手が切るのを待って受話器を置く

【頭語と結語】

手紙の種類	頭語	結語
一般的な手紙	拝啓　拝呈 一筆申し上げます	敬具　拝具　敬白 かしこ　さようなら
改まった手紙	謹啓　謹呈 謹んで申し上げます	敬白　謹言　謹白 かしこ
前文を省略する手紙	前略　略啓　冠省 前略ごめんください	草々　不一　かしこ ごめんくださいませ
返信の手紙	拝復　復啓 お手紙拝見しました	敬具　拝具　かしこ さようなら

＊「かしこ」は、女性のみが使う結語

NPO法人日本サービスマナー協会

-188-

【時候の挨拶】

1月（睦月）

新春、厳冬、大寒の候

日ごとに寒さがつのってまいりますが

暖冬とはいえ、冬の厳しい寒さが身にしみます

初春にふさわしいおだやかな日々が続いております

2月（如月）

立春、春寒、余寒の候

立春とは名ばかりの厳しい寒さが続いております

残寒いまだ去らぬ毎日が続きますが

梅のつぼみもふくらみかけ、ようやく春の気配が感じられるようになりました

3月（弥生）

早春、春分、春風の候

春まだ浅い今日この頃ですが

春とはいえまだ寒さが残るようで

春うららかな好季節となりました

桃の節句も過ぎ、すっかり春めいてまいりました

4月（卯月）

陽春、桜花、仲春の候

春たけなわの季節となりましたが

各地から花便りの聞こえてくる季節となりました

桜の花も咲きそろい、心躍る頃となりました

5月（皐月）

新緑、薫風、若葉の候

さわやかな五月晴れの毎日が続いておりますが

若葉が木々に繁り、目にまぶしい季節となりました

鯉のぼりが気持ちよさそうにおよいでいます

6月（水無月）

初夏、入梅、梅雨寒の候

そろそろ梅雨入りも近いようですが

梅雨に入り、うっとうしい毎日が続いております

あじさいの花が美しい季節となりました

NPO法人日本サービスマナー協会

7月（文月）

    盛夏、猛暑、酷暑の候

    暑さが日増しに厳しくなってまいりましたが

    暑中お見舞い申しあげます

    海開きのニュースに夏の訪れを感じる今日この頃です

8月（葉月）

    残暑、立秋、晩夏の候

    猛暑の毎日ではございますが

    お盆を過ぎ、朝晩は少しばかりしのぎやすくなってきました

    立秋とは名ばかりの厳しい暑さが続いております

9月（長月）

    初秋、秋分、白露の候

    すがすがしい秋晴れが続いておりますが

    9月に入っても、暑さの厳しい毎日でございます

    風の中にも秋の気配を感じる季節となりました

10月（神無月）

    秋月、秋冷、仲秋の候

    秋たけなわの、今日この頃

    菊の花が香る季節となりました

    日増しに秋も深まり、朝夕は肌寒く感じるようになりました

11月（霜月）

    晩秋、向寒、立冬の候

    陽だまりの恋しい季節となりましたが

    日ごとに寒さが加わり、暮れゆく秋を感じるころとなりました

    朝夕の冷え込みが厳しくなってまいりました

12月（師走）

    初冬、歳末、新雪の候

    木枯らしの寒さが身にしみるこの頃

    早くも一年の締めくくりの時節となりました

    早いもので師走に入り、なにかと慌ただしい年の瀬でございます

NPO 法人日本サービスマナー協会

【贈答のしきたり】

お中元

一年の上半期の区切りという意味を込めて、日ごろからお世話になっている人へ贈るもの。

〔時期〕

関東地方：7月初旬から15日ごろまで

関西以西：7月中旬から8月15日ごろまで

※遅れた場合は、「暑中見舞い」「残暑見舞い」とし、挨拶状を添えます。

お歳暮

社会生活を営むうえでお世話になった方に感謝の気持ちをこめて贈るもの。

12月初旬から、25日まで

※遅れた場合は、「お年賀」とし、1月7日までに贈ります。

届け方

贈り物は風呂敷などに包み、訪問して直接お渡しするのが正式。最近では、デパートなどから直送するケースも増えています。

水引について

水引には「蝶結び」と「結びきり（あわび結び）」があります。

（1）蝶結びについて

蝶結びは水引の端を引っ張ると「ほどける」為何度あってもいいお祝いに使います。

（例）出産・入学・昇進・新築・長寿・受賞など

また輪が二つあるので「重なる」と言って弔事、病気見舞いには使用できません。

結婚でも「ほどける」「重なる」ことは縁起が悪い為使用しません。

（2）結びきり（あわび結び）について

結びきりは水引の端を引っ張ると「強く結ばれる」といわれることから結婚に使われます。

また、「これっきり」という意味で弔辞にも使用されます。（弔辞の場合は水引の色は白黒です。）

～連名で送る場合について～

連名の場合は右側から年齢や地位の高い順に書きます。連名は3名くらいまでとし、グループで贈る際には「〇〇一同」などと書き、半紙などに全員の名前を書いて中包みに入れましょう。連名の場合に先方の名前（祝儀袋の左上に記入）を書く際は左側から上位者の名前を書きます。

NPO法人日本サービスマナー協会

水引きの注意点

	慶事（お祝い事）	弔事（お悔やみごと）
色の種類	金銀・紅白	黒白・黄白・銀
本数	奇数 　※但し、9本は「苦」に通じることから用いません。 　※１０本結びは、奇数の５本を倍数にした二重陽結びで、十分に満ち足りているという意味合いを持ちます。	本来は偶数を用います。 　※最近では奇数の既製品が多くなってきています。
墨の濃さ	めでたさを深く祝うという意味から、濃い墨で書きます。	悲しみの涙で墨が薄まったことを表し、薄い墨で書きます。
外包の折り方	幸せが受けとめられるよう、裏の重なりを上向にします。	頭を垂れて悲しみを表すという意から、裏の重なりを下向きにします。

上書き用語

結婚	御祝・寿・祝御結婚
出産	御出産祝・御帯・祝帯掛
賀寿	寿・祝御長寿・祝還暦・古稀御祝
栄転・昇進	御栄転祝・祝御昇進
病気見舞い	御見舞・病気御見舞
災害見舞い	御見舞
お礼	御礼・謝礼・薄謝
仏式葬儀	御霊前・御香典・御香料
神式葬儀	御霊前・御玉串料・御榊料
キリスト教式葬儀	御霊前・御花料

【英語での接客サービス業界で用いる質問文】

A． "May I…?"

「May I～」は丁寧なフレーズでいろいろな場面で使用することができます。

「Can I～」でも間違いではありません。お客様という立場の方には「May I～」で対応します。

① <u>May I help</u> you?

　 <u>May I help</u> you over hear?

② <u>May I have</u> your name, please?

　 <u>May I have</u> your ticket, please?

③ <u>May I ask</u> who is next?

　 <u>May I ask</u> where you're from?

　 <u>May I ask if</u> you already have a ticket?

　 <u>May I ask if</u> it would be ok to change your seat?

B． "Would you mind…?"

日本語の「恐れ入りますが…」のニュアンスを含めた依頼文になります。

> Would you mind ＋ ～ing（現在進行形） ＋ 名詞句　？

<u>Would you mind</u> repeat<u>ing</u> it again slowly, please?

<u>Would you mind</u> purchas<u>ing</u> your ticket at the ticket counter, over there?

<u>Would you mind</u> pull<u>ing</u> down the blind?

　＝ "If you don't mind, would you pull down the blind?"

　（恐れ入りますが、ブラインドをお閉めいただけますでしょうか.）

「If you don't mind, would you～」は目上の人や知らない人に言う上品な言い方です。

NPO 法人日本サービスマナー協会

C.　"Would you please…?"

$$\left\{\begin{array}{l}\text{Would you}\\\text{Could you}\end{array}\right\} \text{please} + 動詞 + 名詞句 ?$$

or

$$\left\{\begin{array}{l}\text{Would you}\\\text{Could you}\end{array}\right\} 動詞 + 名詞句 + \text{please?}$$

Would you please sign here?

Would you please spell your family name?

＝Would you spell your family name, please?

Would you please go to the cash register over there?

Could you please repeat that again?

D.　"Would you prefer…?"

ベッド、お部屋、座席などご希望に沿えるかどうかは別としてなるべく好みをお伺いする時に尋ねるフレーズです。

| Would you prefer ＋ A ＋ or ＋ B |

Would you prefer a twin or double?

Would you prefer a window seat or aisle seat?

Would you prefer the smoking section or the non-smoking section?

E.　"Would you like…?"

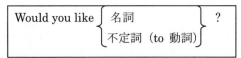

$$\text{Would you like} \left\{\begin{array}{l}名詞\\不定詞 (to 動詞)\end{array}\right\} ?$$

Would you like a cup of coffee?

Would you like to pay in cash or by credit card?

F.　"Would you be willing to…?"

（あまりやりたくないことでも）進んで…する。「本当はしたくないがする」「…してもかまわない」の意が含まれるので、お客様にご協力願う時に用いることがあります。

| Would you be willing to ＋ 動詞 ＋ 名詞句 |

Would you be willing to travel separately, if 2 seats do not become available?

＝Would you be kind enough to 〜?

【英語での接客サービス業界・基本表現】

挨拶

- Good morning, <u>sir/ma'am</u>. 〔お客様に対しては、どんなに短い会話であっても付け加えることで丁寧な印象を与えます。〕

- May I help you?　（いらっしゃいませ。お伺いいたしましょうか。）

 ＝How may I help you?　（私がお伺いいたしましょうか。）

 ＝What can I do for you today, ma'am/sir?　〔高級品店ではこの言い方が望ましいです。〕

- Are you looking for anything in particular?　（何かお探しでしょうか。）

- If there is anything we can do for you, please let us know.

（何かご用がございましたらご遠慮なくお申し付けください。）

お礼

- Thank you, sir/ma'am.　〔お客様に何かお願いした時には必ずお礼を申し上げることが必要。〕

- Thank you for waiting.　（お待たせいたしました。）

- Thank you for your cooperation.　（ご協力ありがとうございます。）

- Thank you for choosing ABC hotel.　（ABC ホテルをご利用いただき有難うございます）

返答

- Just a moment, please.　（しばらくお待ちください。）

- Sure.　＝Of course.　＝Certainly, sir.（もちろん。かしこまりました。）

- You're welcome　＝Not at all. ＝It's my pleasure（どういたしまして。）.

- Let me see. ＝I guess so.〔相槌を打つ時〕

- Maybe.　（たぶん。）〔ビジネスの場では Possibly が適切です。〕

 ＝Possibly.　（おそらく。）

お客様のいっていることが聞き取れない時

- I beg your pardon.　（もう一度おっしゃっていただけますか。）

＝Could you please repeat that again?

＝Could you please say that again?

- Could you please speak slower?　（もう少しゆっくりお話いただけませんでしょうか。）

謝罪・断り

- We're very sorry, but there are not any rooms available for that day.

 ＝I'm afraid that there are not any rooms available for that day.

（申し訳ございませんが、あいにくその日は満室でございます。）

- We're sorry for the inconvenience.　（ご迷惑おかけいたしまして申し訳ございません。）

- I'm sorry to have kept you waiting.　（お待たせいたしまして申し訳ございません。）

- I apologize for not meeting your request.　（ご希望に沿えなくて申し訳ございません。）

NPO 法人日本サービスマナー協会

接客サービスマナー検定　過去問題集　第 59 回〜第 62 回

発行日　／　2024 年 6 月 28 日

編　者　／　特定非営利活動法人 日本サービスマナー協会

編集者　／　壷井　みづほ

発行者　／　澤野　弘

発行所　／　特定非営利活動法人 日本サービスマナー協会

　　　　　　　【大阪本部】　〒540-0012　大阪市中央区谷町 2 丁目 1-22

　　　　　　　　　　　　　　フェアステージ大手前ビル 5 階

　　　　　　電話：06-6809-4141　ファックス：06-6943-0047

　　　　　　　【東京本部】　〒104-0061　東京都中央区銀座 7 丁目 15-5　共同ビル 4 階

　　　　　　電話：03-6278-7051　ファックス：03-6278-7032

　　　　　　　【名古屋支部】〒461-0001　愛知県名古屋市東区泉 1-14-3　HASEGAWA ビル 4 階

　　　　　　電話：052-684-8271　ファックス：052-684-8274

　　　　　　　【福岡支部】　〒810-0001　福岡県福岡市中央区天神 4 丁目 1-17　博多天神ビル 5 階

　　　　　　電話：092-724-7091　ファックス：06-6943-0047

発売所　／　株式会社清文社

　　　　　　〒112-0002　東京都文京区小石川 1 丁目 3 -25　小石川大国ビル

　　　　　　電話：03-4332-1375　ファックス：03-4332-1376

　　　　　　〒530-0041　大阪府大阪市北区天神橋 2 丁目北 2-6　大和南森町ビル

　　　　　　電話：06-6135-4050　ファックス：06-6135-4059

https://www.setsuken.net　（接客サービスマナー検定）

https://www.japan-service.org　（日本サービスマナー協会）

＊

印刷・製本　／　エクスプレス

＊

ISBN978-4-433-49064-5